Franz Settegast

Die Ehre in den Liedern des Troubadours

Franz Settegast

Die Ehre in den Liedern des Troubadours

ISBN/EAN: 9783744629324

Hergestellt in Europa, USA, Kanada, Australien, Japan

Cover: Foto ©ninafisch / pixelio.de

Weitere Bücher finden Sie auf **www.hansebooks.com**

DIE EHRE

IN DEN LIEDERN

DER

TROUBADOURS.

Von

Dr. FRANZ SETTEGAST,

A. O. PROFESSOR AN DER UNIVERSITÄT LEIPZIG.

LEIPZIG,

VERLAG VON VEIT & COMP.

1887.

Unter den treibenden Kräften, auf denen die Entwickelung der Menschheit beruht, steht der Ehrbegriff unzweifelhaft in erster Linie; eine ganz besondere Wichtigkeit aber hat er im Mittelalter. Mannichfaltig sind die Gründe, welche die hervorragende Geltung des Ehrbegriffes in jenen Zeiten hervorgerufen haben; ein Hauptantheil daran aber kommt dem Ritterthum zu, jener dem Mittelalter eigenthümlichen Erscheinung, welche auch von Seiten des Literarhistorikers eingehende Beachtung verdient, ja fordert. Denn vom Ritterthum hat der überwiegende Theil der mittelalterlichen Literatur sein Gepräge erhalten, und die ritterlichen Ideen herrschen auch in der Literatur. Unter ihnen aber steht der Ehrbegriff obenan. Denn einmal musste ein Stand, der, neben dem Feudaladel, der höchste unter den weltlichen Ständen war, seinen Angehörigen auch ein höher entwickeltes Ehrgefühl einflössen; schon die Aufnahme in diesen Stand, die in der Regel nur nach einer langen Vorbereitungs- und Prüfungszeit erfolgte, galt als Ehre. Dann aber war auch der ritterliche Beruf selbst, der dem Ritter besonders den Schutz der Schwachen zur Pflicht machte, für diesen eine fortwährende Hinweisung darauf, den Lohn seiner aufopferungsvollen Thätigkeit weniger in Hab' und Gut, als in der Ehre zu suchen. Wenigstens ist dies die ideale Auffassung des Ritterthums, wie sie sich in der Dichtung offenbart;[1] die Wirklichkeit war auch hier dem Ideal nie ganz entsprechend.

---

[1] Bezeichnend für diese Auffassung des Ritterthums ist ein Lied von RAIMBAUT DE VAQUEIRAS (>Ges sitot ma don' et amors<, MAHN, Gedichte 526), wo er seinen Entschluss, sich hinfort ausschliesslich ritterlichen Thaten hinzugeben, in folgender Weise ausspricht: >Galop e trot e saut e cors, Velhars e maltrait et afan Serau mei sojorn derenan. E sufrirai fregz e calors, Armatz

1*

Das Ritterthum hat aber verschiedene Erscheinungsformen durchlaufen. Die erste, welche sich etwa bis zum Beginn der Kreuzzüge erstreckt, hat ihre dichterische Verklärung in den ältesten uns erhaltenen *Chansons de geste* gefunden, unter denen das Rolandslied hervorragt. Der Ehrbegriff, wie er in diesen Denkmälern sich uns darstellt, wird u. a. durch die wichtige Rolle gekennzeichnet, welche hier die Gesammtehre der Familie oder des Geschechtes spielt. Denn die Ehre oder Unehre des Einzelnen bleibt hier nie auf diesen beschränkt, sondern theilt sich sofort dem ganzen Geschechte mit. So bildet die Ehre des Geschlechtes einen gemeinsamen Schatz, der von den Mitgliedern desselben eifersüchtig gehütet wird, den zu mehren ihr eifriges Bestreben ist.[1]

Bedeutende Veränderungen in der Geisteswelt des Ritterthums bereiteten sich in der zweiten Hälfte des elften Jahrhunderts vor. Ein neues Element trat in die mittelalterliche Sittengeschichte ein: die durch Antheilnahme der Frauen verfeinerte Geselligkeit. Die Frauen, bisher auf den Verkehr in den engen Kreisen der Familie beschränkt, traten in die weiteren Kreise ritterlicher Geselligkeit, ja sie wurden Herrscherinnen auf einem Gebiete, zu dessen Beherrschung sie von der Natur mit besonderen Gaben ausgestattet waren. Bald gab es auf den Schlössern der Grossen kein Fest mehr, in dessen Mittelpunkt nicht Frauen glänzten. Auf die geistige Entwickelung des Ritterstandes, ja der ganzen Menschheit war dies von einem Einfluss, der nicht leicht überschätzt werden kann.

Auch auf den Ehrbegriff wirkten die so veränderten Verhältnisse ein. Zunächst insofern als zu den Antrieben, sich Ehre zu erwerben, jetzt ein neuer hinzutrat, mächtiger vielleicht als alle früheren: der Gedanke an das Urtheil der Frauen, das Streben nach Frauengunst.[2] Dies hatte eine nicht unwichtige Folge. Die Ehre

de fust et de fer e d'acier; E mos ostals seran bosc e semdier, E mas causos sirventes e doscortz, *E mantenrai los frevols contrarls fortz.* Diese berufsmässige Thätigkeit des Ritters wird hier ausdrücklich als eine ehrenvolle bezeichnet, als ein >onrat mestier<, der >pretz< und >lauzor< verspricht.

[1] Daher auch der Name dieser Dichtgattung. Denn *chanson de geste* bedeutet ein zur Verherrlichung eines Geschlechtes *(geste)* bestimmtes Lied.

[2] Passend ist es daher, wenn in JEHAN's >*Hystore de Julius Cesar*< (225, 19) der Feldherr Scipio die Seinigen unmittelbar vor der Schlacht zur Tapferkeit ermahnt mit den Worten: >Et doit hui cascun souvenir d'iestre preus et de

des Einzelnen nämlich war früher nur insofern von Bedeutung gewesen, als sie die Gesammtehre des Geschlechtes beeinflusste. Erst jetzt konnte die rein persönliche Ehre zur vollen und selbständigen Geltung gelangen. Denn wo es sich um Frauengunst handelt, da muss der Gedanke an jene Gesammtehre in den Hindergrund treten; da wird nur die Ehre von entscheidender Bedeutung sich erweisen, die der Einzelne selbst und für sich allein errungen.

Noch eine andere Folge der veränderten Geselligkeit ist hier der Beachtung werth. Die Mittel und Wege nämlich, wodurch der Ritter sich auszeichnen konnte, wurden jetzt vermehrt. Gelegenheit, Ruhm zu gewinnen, hatte der Ritter von jeher, seinem Berufe entsprechend, im Kriege gefunden. Mit jener Veränderung der Geselligkeit aber steht die hohe Bedeutung in Verbindung, die jetzt für das ritterliche Leben das Kriegsspiel, das Turnierwesen, gewinnt. Ursprünglich zu rein kriegerischen Zwecken, zur Erhaltung und Erhöhung der Kriegstüchtigkeit der Ritterschaft, eingeführt, wurden die Turniere seit der zweiten Hälfte des elften Jahrhunderts[1] ein ausserordentlich beliebtes Element der ritterlichen Geselligkeit. Man beachte nun, dass jetzt die Frauen bei diesen glänzenden Schauspielen zugegen waren, dass sie dem Verlaufe dieser nicht ungefährlichen Kämpfe mit der lebhaftesten persönlichen Antheilnahme folgten, und man wird ermessen können, wie mächtig hierdurch der Ehrgeiz des Ritters angespornt werden musste. Auch pflegte wol, wie in den Romanen erzählt wird, eine Frau, um denjenigen Ritter, für den sie besonders lebhafte Theilnahme empfand, zu den höchsten Leistungen der Tapferkeit anzufeuern, ein Kleidungsstück, wie einen Aermel, ein Band, zu verehren, welches jener dann auf seine Rüstung heftete. So überreicht im *Roman du Châtelain de Coucy* (ed. *Crapelet)* die Frau von Faiel ihrem Ritter, dem Schlossherrn von Coucy, einen Aermel mit den Worten: »Sire, par ma foit, Je vorroie que grant *honnour* Conquesissies demain el jour« (V. 1028). In demselben Roman wird erzählt, wie der genannte Schlossherr aus Frauenhand den Turnierpreis erhält. Dabei äussert

faire procche; et s'il i a aucun de vous ki mis ait son cuer en amer dame u damoisiele, si penst hui en cest jour de lui faire en tele maniere *prisier et aloser* que boine nouviele en puist iestre racontee devant s'amie«.

[1] Nach dem Bericht der Chroniken war GODEFROI DE PREUILLY († 1066) derjenige, welcher die Turniere erfand, d. h. ihnen feste Regel und Gestalt verlieh. Vgl. SCHULTZ, *Das höfische Leben* II, 91 und 95.

eine der anwesenden Frauen, dass man aus seinen Heldenthaten auf
das Vorhandensein wahrer Liebe in ihm schliessen könne (>Qu'en
vous soit vraie amour, ce croi<) und macht ihn weiterhin darauf
aufmerksam, dass ihm jetzt Frauengunst nicht fehlen könne: >Car
quant avient qu'a (l. que) recorder Ot dame *honnour* de baceler,
Plus tost li ottroie mercy, Comment c'on ait mis lonc detry.<
(V. 2080 ff.) Und in der That, das Turnier, in dem jener Sieger
geblieben ist, hat zur Folge, dass die Frau von Faiel, die bis dahin
die Regungen ihres Herzens bekämpft hat, sich nun ihrem ruhm-
gekrönten Ritter rückhaltlos hingiebt. Dies ist freilich Poesie, aber
es ist kein Grund vorhanden, zu bezweifeln, dass auch in der Wirk-
lichkeit sich ähnliches zugetragen habe.

Die im Vorstehenden besprochene zweite Erscheinungsform des
Ritterthums hat in den Liedern der Troubadours ihren ersten und
in mancher Beziehung reinsten Ausdruck erhalten.[1] Es kann daher,
nach dem Gesagten, von vorn herein nicht Wunder nehmen, wenn
wir in diesen Liedern den Ehrbegriff in höchst bedeutungsvoller
Wirksamkeit finden. Von ihm hat diese Poesie ihre eigenthümliche
Färbung erhalten, und er bildet, so lässt sich behaupten, den
Mittelpunkt, auf welchen sich alles bezieht, welcher der Mannich-
faltigkeit des Gedankeninhalts Einheit verleiht. Dies im einzelnen
darzulegen, ist der Zweck dieser Abhandlung.

Dem Inhalte nach lassen sich die Lieder der Troubadours in
drei Abtheilungen bringen: sie drehen sich um Herrendienst, um
Frauendienst, um Gottesdienst. Diese Eintheilung soll bei den
folgenden Betrachtungen massgebend sein.

Was zunächst die auf dem Herrendienst beruhenden Lieder
betrifft, so gehören hierher die meisten aus derjenigen Klasse,
welche die Provenzalen >sirventes< nennen. Dieser Name steht zu
der Sache, welche er bezeichnet, in enger Beziehung. Zunächst in
einer äusserlichen, insofern er sich auf die Person des Verfassers
bezieht. Denn >sirventes< ist abgeleitet von dem prov. >sirven<

---

[1] Die Artusromane, die im Allgemeinen ebenfalls diese Erscheinungsform
darstellen, haben durch die Beimengung des aus den keltischen Quellen stammen-
den Wunderbaren und Abentheuerlichen vielfach ein der Wirklichkeit wider-
streitendes, phantastisches Gepräge erhalten. Werthvoller für den Culturhisto-
riker sind solche Romane, welche durchaus auf dem Boden der zeitgenössischen
Wirklichkeit stehen, wozu u. a. der oben angeführte *Roman du Châtelain de
Coucy* gehört.

(lat. servientem), d. h. >Diener<, bezeichnet also >Lied eines Dienen-
den<.[1] Der Dienst, um den es sich hier handelt, ist aber der
ursprüngliche und eigentliche Dienst, d. h. der Herrendienst. Der
Name >sirventes< weist also ausdrücklich auf die äussere Lage hin,
in der sich die grosse Mehrzahl der Troubadours befand. Es waren
Hofdichter, im Dienste eines adeligen Herrn, von dessen Freigebig-
keit sie lebten; mochten sie nun dem ritterlichen oder einem
niederen Stande entsprossen sein, stets war es ihre bedürftige
Lage, welche sie dazu drängte, die Laufbahn des Hofdichters zu
ergreifen.

Diese dienende Stellung der Troubadours konnte aber nicht
ohne Einfluss auf den Charakter ihrer Poesie bleiben, und so steht
der Name >sirventes< auch in einer Beziehung zu dem Inhalt ihrer
Lieder. Denn dass der Diener die Pflicht hat, dem Herrn Ehre zu
erweisen und in allen Stücken auf Wahrung seiner Ehre bedacht
zu sein, ist eine Anschauung, die wol zu allen Zeiten geherrscht
hat;[2] niemals aber vielleicht ist sie so entschieden hervorgetreten,
hat sie so bedeutende Folgen für das ganze öffentliche und häus-
liche Leben gehabt, wie im Mittelalter, dessen gesellschaftlicher und
staatlicher Bau durchaus auf dem Grunde des persönlichen Dienstes
ruht.[3] Und wenn wir sehen, dass Hofdichter immer und überall
bereit sind, den Herrn, der sie nährt, zu preisen, so werden wir
uns nicht wundern, dass die Troubadours dies geradezu als eine
ihrer Hauptaufgaben betrachteten. Denn sie lebten zu einer Zeit,
wo das Streben nach Ehre und Ruhm so stark und so allgemein
war, wie kaum in irgend einer anderen; sie mussten daher sehr
bald zu der Erkenntniss gelangen, dass sie durch nichts die Gunst
ihrer Herren sicherer gewinnen könnten, als durch Verkünden ihres
Ruhmes.

Dass die Troubadours sich dieser ihrer Stellung als Spender

---

[1] Vgl. Levy: *Guilhem Figueira*, S. 20, wo diese alte, schon von Diez her-
stammende Ableitung des Wortes gestützt wird.

[2] Molière's >*Malade imaginaire*< bietet ein Zeugniss für die nämliche
Anschauung, indem dort (I, 5) die Dienerin Toinette ihrem Herrn erklärt, um
seiner Ehre willen in die beabsichtigte Verheirathung seiner Tochter nicht
willigen zu können: >Il est de mon devoir de m'opposer aux choses qui vous
peuvent déshonorer.<

[3] Dass Ehrerweisung dem Herrn gegenüber Pflicht des Lehnsmannes war,
ist schon bei anderer Gelegenheit (Zeitschrift für rom. Philologie IX, 207) von
mir hervorgehoben worden.

des Ruhmes sehr wohl bewusst waren, geht aus manchen Aeusser-
ungen in ihren Liedern deutlich hervor. So sagt PEIRE VIDAL in
einer schon von DIEZ *(Poesie der Troubadours. Zweite Auflage. S. 151)*
angeführten Stelle, er habe sich nach Ungarn zum König Aimeric
begeben, um demselben zu dienen, und sein Herr werde grosse Ehre
davon gewinnen, denn er sei besser als irgend ein anderer im Stande,
dessen Ruhm zu verbreiten (>*Ben viu a gran dolor*<, ed. BARTSCH S. 12):
>Et aurai gran honor, Si m'a per servidor, Qu'eu pose far sa lauzor
Per tot lo mon auzir E son pretz enantir Mais d'autr'om qu'el mon
sia.< Auch dem Vizgrafen Barral von Marseille (von ihm Rainier
genannt) versichert der nämliche Troubadour, er werde demselben
durch Verbreitung seines Ruhmes dienen (>servirai vos de lauzor<,
da er, der Dichter, nunmehr nach Gottes Fügung sein Diener ge-
worden sei (>Pos tornatz sui<, BARTSCH, *Chrestomathie.* Vierte Auf-
lage. Sp. 109, 28).

So ist es erklärlich, dass die Grossen Diener an sich zu fesseln
suchten, welche ihnen das vielbegehrte Gut des Ruhmes zu ver-
schaffen versprachen. Aber durch ein ganz ähnliches Streben
wurden auch die Troubadours dazu getrieben, den Bund mit den
Grossen zu suchen. Hierzu vermochte sie keineswegs allein die
Sorge um des Lebens Nothdurft; auch das Streben nach Ehre und
Auszeichnung muss hierbei als mitwirkende Triebfeder angesehen
werden, denn auch solcher Lohn winkte den Sängern im Dienst der
Grossen. Man bedenke, dass die Stellung des Hofdichters zu seinem
Herrn in vielen Fällen ebenso die eines Freundes wie die eines Die-
ners war,[1] und es wird begreiflich erscheinen, dass jeder berufs-
mässige Dichter nach einer Verbindung trachten musste, wodurch
seine gesellschaftliche Stellung und sein Ansehen nur gewinnen
konnten. Es wird auch klar, warum schon der eigene Ehrgeiz den
Dichter bewegen musste, den Herrn zu preisen. Denn der Ruhm
des Herrn musste nothwendigerweise auf den Diener gewissermassen
zurückstrahlen. Je berühmter der Herr wurde, desto angesehener musste
auch der Diener werden; indem also der Sänger seinen Herrn feierte,
sorgte er zugleich für seine eigene Ehre. Das Streben nach Ehre, so
sehen wir also, ist das Band, welches Herrn und Hofdichter an ein-

---

[1] Eine solche Stellung nahm z. B. Raimbaut von Vaqueiras dem Mark-
grafen Bonifaz II. von Monferrat gegenüber ein; auch Peire Vidal bezeichnet
sich in dem vorhin angeführten Liede (>Ben viu a gran dolor<) als >Diener
und Freund< (servidor et amic) des Königs von Ungarn.

ander fesselt: beide suchen durch dies Verhältniss ihre Ehre zu
erhöhen.

Gehen wir nun auf die Art und Weise ein, wie die Trouba-
dours sich ihrer Aufgabe, den Herrn zu preisen, entledigten.
Schon DIEZ (a. a. O. S. 160) hat die Bemerkung gemacht, dass
der ausschliessliche Lobgesang auf Lebende ungewöhnlich ist.[1] Das
Lob des Herrn pflegte der Dichter vielmehr in seine Lieder
einzustreuen, und zwar ohne Rücksicht auf den sonstigen Inhalt
derselben und meist nur in wenigen Versen. Sehr häufig findet
sich der Lobspruch in der letzten Strophe oder in der Tor-
nada des Liedes. Charakteristisch ist an diesen eingestreuten Lob-
sprüchen sowohl ihre Allgemeinheit als auch ihre Ueberschwenglich-
keit. Der Dichter versichert in der Regel, dass sein Herr der vor-
trefflichste und verdienteste von allen sei, ohne aber Thatsachen
anzuführen, welche dies glaubhaft zu machen geeignet wären. So
sagt PEIRE VIDAL in der letzten Strophe des Liedes >Pos tornatz
sui< (BARTSCH, *Chrestomathie provençale.* Vierte Auflage. 1880. Sp. 109):
>Bels Rainiers, per ma crezensa, No·us sai par ni companho, Quar
tuit li valen baro Valon sotz vostra valensa<. Falls nun der Dichter
Veranlassung hatte, einen Dritten zu loben, so machte er auch
wol besonders darauf aufmerksam, dass das Verdienst seines Herrn
doch noch grösser sei, wie PEIRE CARDENAL (>Tos temps azir<,
RAYNOUARD a. a. O. IV, 347, Tornada): >Faidit, vai t'en — — —
a·N Guigo, qui que pes, Car de valor non a par en est mon Mas
mon senher EN Ebles de Clarmon.<

Häufig fügen die Dichter der Erklärung, dass ihr Herr der
beste und tüchtigste sei, die weitere hinzu, dass derselbe an Ehre
und Ruhm alle anderen übertrifft, so RAIMBAUT DE VAQUEIRAS in
den beiden ersten Strophen des Liedes >Era pot hom< (BARTSCH,
Chrest. 125), mit Bezug auf den Markgrafen von Monferrat, dem
soeben (1204) die Ehre zu Theil geworden war, zum Anführer der
Kreuzfahrer erwählt zu werden: >. . . al pro marques n'a fait
(scil. Deus) esmend' e do, Qu'el fai son pretz sobre·ls melhors pojar,
Si que·l crozat de Frans' e de Campañha L'an quist a Deu per lo
melhor de totz — — —; s'eron mil baro Ensems al lui, de totz

---

[1] Als ein solcher kann das Lied FOLQUET's VON LUNEL: >Al bon rey<
(RAYNOUARD, *Choix des poésies originales.* Paris, 1819, IV, 239) angeführt werden,
worin es sich ausschliesslich um die Verherrlichung des Königs Alfons von
Castilien bezw. seine Empfehlung zum römischen Kaiserthron handelt.

si sap honrar — — — Per qu'es desus quan autre son desotz.< Hier lag dem Urtheil des Dichters eine bestimmte Thatsache zu Grunde, aber auch ohne eine solche wird oft in ganz allgemeiner Weise hervorgehoben, dass der Ruhm des Herrn alle überstrahle, so von Aimeric de Peguillan in Bezug auf Alfons von Castilien (>Destreitz cochatz<, Mahn, *Gedichte der Troubadours*. 1856. Lied 52).

Hier wird noch besonders, wie häufig, die Ruhmliebe des Gefeierten hervorgehoben: >Quie'm meraveill cum pot en lui caber Lo pretz, que·l tol e rauba et embla e pren, En compra ades ni no·n dona ni·n ven.<

Die Beschränkungen, welche die Troubadours sich bei Lebzeiten ihres Herrn im Lobe desselben auferlegten, fielen mit dem Tode desselben fort. Hatten sie das Lob des Lebenden in Lieder des verschiedensten Inhalts nur eingestreut und auf wenige Zeilen beschränkt, so hielten sie es nun für ihr Recht und für ihre Pflicht, dem Verstorbenen Lieder zu weihen, welche eigens für den Zweck bestimmt sind, seine Verdienste zu preisen und der Klage um seinen Tod Ausdruck zu geben, ihm gewissermassen >die letzte Ehre zu erweisen< (Diez, a. a. O. S. 160).

Der Gedankengang in diesen Klageliedern ist im wesentlichen immer derselbe. Die Tugenden des Verstorbenen werden hervorgehoben und der Dichter unterlässt selten, zu erklären, derselbe habe an Tüchtigkeit und Bravheit alle anderen übertroffen. Ich greife nur wenige Beispiele heraus. Paulet de Marseilla klagt über den Tod seines Herrn, des Beherrschers der Provence Barral del Baus: >La mort del plus pro e del plus valen Baro qu'anc fos, mil an (l. ans) a, en Proensa<; derselbe wird bezeichnet als >de totz bes (l. bos) ayps complitz<, als >de pretz lo frug, la flor e la semensa<, endlich als >a pretz capdelhs e guitz<, >Anführer und Wegweiser zur Rittertugend< (>Razos non es< Rayn. IV, 74). Aehnlich nennt Aimeric de Peguillan den Markgrafen Guillem Malaspina >miralh e mayestre dels bes< und erklärt, dass er den Menschen den Weg der Tugend wies wie der Stern die drei Könige aus dem Morgenlande leitete: >Qu'aissi saup pretz guizar, tan fon cortes, Cum l'estela guidet los reys totz tres< (>Era par ben< Rayn. IV, 62). Ueberhaupt kehrt der Gedanke, das der Herr Muster und Vorbild ritterlicher Tugend sei bezw. gewesen sei, sowohl in jenen eingestreuten Lobsprüchen auf Lebende als in den Klageliedern auf Verstorbene ausserordentlich häufig wieder, und diese Erscheinung ist nicht ohne Bedeutung, da sie als Ausfluss jener Neigung zum Lehrhaften zu betrachten ist, welche fast die ganze ritterlich-höfische Literatur durchzieht.[1]

Neben den Tugenden des Verstorbenen wird in der Regel sein Ruhm und seine Ruhmbegierde hervorgehoben, ebenso wie dies in den Lobsprüchen auf Lebende stattfindet. So BERTRAN DE BORN in einem Klageliede auf den jungen König Heinrich von England (STIMMING, BERTRAN DE BORN. Sein Leben und seine Werke. Halle, 1879, S. 176): >Des lo temps Rotlan Ni de lai denan Non vi hom tant pro Ni tant guerrejan Ni dond sa lauzors Tant pel mon s'empenha Ni si lo revenha, Ni que l'an cercan Per tot agaran Del Nil tro·l solelh colgan.< Und FOLQUET DE MARSEILLA sagt von seinem Herrn, dem Vizgrafen Barral (>Si cum sel qu'es tan grevatz<, RAYNOUARD IV, 51): >C'aissi saup far so nom aussor, De pauc gran, e de gran major, Tro no·l poc enclaure guarans.<

Einem solchen Herrn, der die Ehre gewissermassen in sich ver-körpert, zu dienen, ist selbst eine Ehre; mit seinem Tode wird den Dienern auch die Ehre geraubt. Man beachte eine Stelle in dem soeben erwähnten Klageliede FOLQUET's: — >non trob sa gran valor, Qu'aissi *nos tenia onratz* — — ; E qui *pretz* e gaug et *honor* — — — Nos a tolt, pauc vol nostr' enans.< Dass durch einen solchen Tod die ganze Welt eine Werthverminderung erleidet, wird mehrfach aus-gesprochen, so von JOAN ESTEVE: >Esta terra·n val menhs per ver Per sa mort (>Planhen, ploran<, RAYN. IV, 81). Die Neigung der mittelalterlichen Dichter zur Uebertreibung führte sogar zu der Be-hauptung, der Tod, der einen so ruhmvollen Herrn dahingerafft, habe mit einem Schlage die ganze Welt aller Ehre, alles Ruhmes beraubt. So ruft GAUCELM FAIDIT, über den Tod des Königs Richard von England klagend, aus: >Qu'era nos a mostrat mortz que pot faire, Qu'a un sol colp a lo mielh del mon pres, Tota *l'honor*, tot lo *pretz*, tot lo bes< (>Fortz chauza es<, RAYNOU-ARD IV, 55).

Dass der Schmerz, den die Dichter in diesen Liedern zum Aus-

---

[1] Auch die Artusepen zeigen deutliche Spuren dieser Neigung. Denn dem Dichter, der aus diesem Sagenkreise schöpft, kommt es vor allem darauf an, Musterbilder ritterlicher Tüchtigkeit aufzustellen. Sehr bezeichnend hierfür sind die Anfangsverse des >Chevalier au Lyon<: >Artus, li boens rois de Bretaingne, La cui proesce nos enseigne Que nos soiens preu et cortois.<

druck bringen, häufig kein bloss zur Schau getragener, sondern ein tief empfundener gewesen, ist wahrscheinlich (vgl. Diez a. a. O., S. 160); verlor doch der Dichter mit seinem Herrn zugleich seinen Beschützer, der ihm nicht nur Unterhalt, sondern auch eine ehrenvolle Stellung geboten hatte. Gar manche hatten ihn gewiss nur um seines Herrn willen geehrt, und der Dichter musste besorgen, dass diese sich nun von ihm abwenden würden. In einem schon erwähnten Klageliede von Aimeric de Peguillan (>Era par ben<, Rayn. IV, 62) wird dieser Umstand entschieden hervorgehoben: >Bels senher cars, valens, e que farai? Ni cum puesc sai vius ses vos remaner; Que·m sabiatz tan dir e far plazer Qu'autre plazers contra·l vostre·m desplai; Que tals per pos *m'onrava* e m'aculhia Que m'er estrans, cum si vist no m'avia.< Da war es noch ein günstiger Fall, wenn der Verstorbene einen Sohn hinterlassen hatte, bei dem der Hofdichter dieselbe oder eine ähnliche Stellung wie bei jenem zu erhalten hoffen durfte, und schon in dem Klageliede auf den Vater benutzte er wol die Gelegenheit, durch einige schmeichelhafte Bemerkungen sich den Sohn günstig zu stimmen. So Paulet de Marseilla: >Si per l'*onrat* frug de bona semensa Que a laissat lo pros bars en Proensa No fos, que es de *pret*: sims e razitz, Ieu me fora de chantar relenquitz. De selh o dic cuy es lo Baus gequitz, Quar elh es sai de *pret*: sims e razitz< (>Razos non es<, Raynouard IV, 75).

So viel über das Lob, das die Troubadours ihren lebenden oder verstorbenen Herren zu spenden pflegten. Aber der auf den Herrn bezügliche Theil ihrer Dichtungen beschränkt sich nicht auf das Lob desselben: wie sie den von ihm erworbenen Ruhm verkündeten und zu verbreiten strebten, so spornten sie ihn auch dazu an, Ruhm zu erwerben, denn ruhmliebend muss nach ihrer Ansicht jeder Edle und zumal jeder grosse Herr sein. Die günstigste Gelegenheit aber, Ruhm zu gewinnen, bot sich den damaligen Grossen im Kriege, und so heben die Dichter häufig hervor, dass, wer Ruhm gewinnen wolle, kriegerisch gesinnt sein müsse. So Bertran de Born: >Qu'aissi fon pretz establitz Qu'om guerrejes< etc. (>S'abrils e fuolhas<, Stimming, a. a. O. S. 208). — Derselbe: >Quar joves rics cui non platz messios, Cortz ni guerra, non pot en pretz montar, Ni·s fai temer ni grazir ni onrar< (>Un sirventes fatz< Stimming a. a. O. S. 215). — Und im gegebenen Fall reden die Troubadours immer dem Kriege das Wort und bieten die ganze Macht ihrer Beredsam-

keit auf, um den kriegerischen Ehrgeiz ihrer Herren zu entflammen.[1]
Zwei Lieder von Bonifaci Calvo mögen als Beispiel dienen. In
dem ersten (>Mout a que sovinenza<, Raynouard a. a. O., IV, 228)
giebt er seiner Genugthuung darüber Ausdruck, dass sein Herr,
Alfons X., König von Castilien, Navarra mit Krieg zu überziehen
gedenke. Es mache ihm Freude, so äussert er, die Trefflichkeit
des Königs zu verkünden (>chantan m'agenza Sa gran valor sonar<),
derselbe möge aber nicht säumen, den Krieg zu beginnen, und
denselben mit solcher Kraft führen, dass er an Ehre und Ruhm
seinem Vater gleich komme oder ihn noch übertreffe: >Si que de
sa valenza Fassa·ls meillors parlar, E pel paire semblar Si deu
mout esforzar, Car fon plus avinenz E mais sap (l. saup) conquerir
E mais si fetz honrar Que reis c'anc fos vivenz; Car si no·l sembl'
o·l venz, Pro hi aura que dir. — Mas res no·m fai duptar Qu'el
no·l vencha breumenz, Tant es granz sos talenz De son pretz enan-
tir.< Aber der Erfolg entsprach der in den letzten Zeilen aus-
gedrückten Erwartung des Dichters nicht, da politische Gründe
seinen Herrn von der Eröffnung des Krieges abhielten. In einem
zweiten Liede (>En luec de verjanz<, von Raynouard IV, 224
jenem vorangestellt, vgl. jedoch Diez, *Leben und Werke der Trouba-
dours.* Zweite Auflage. S. 390 ff.) verhehlt er nicht seinen Unmuth
über des Königs Unthätigkeit und giebt demselben den dringenden
Rath, nicht auf die Meinung weichlicher Höflinge, sondern auf die
Forderungen der Ehre zu achten. Jenen liege mehr daran, in Ruhe
gute Bissen zu geniessen als hohe Thaten zu verrichten und Ruhm
zu gewinnen; dem König aber stehe diese Trägheit sehr übel an
(>trop mi par endurmitz<).

Aber nicht nur zur Mahnung, sondern auch zu offenem Tadel
glaubte sich der Hofdichter berechtigt. Zu seinem Amte gehörte
es ja, über die Ehre des Herrn zu wachen, und er konnte wohl
daraus folgern, dass es ihm auch zukomme, den Herrn wegen unrühm-
lichen Verhaltens zu tadeln. Es werden sich freilich in der Poesie

---

[1] Ein besonderer Fall liegt vor, wenn ein Kreuzzug im Werke ist. Dann
ist es im Gegentheil Ehrenpflicht streitender Fürsten, Frieden zu schliessen, um
mit gemeinsamen Kräften gegen den Glaubensfeind zu ziehen. So ruft Pons
de Capdoill den hadernden Königen von Frankreich und England, Heinrich II.
und Philipp August, zu: >Ben volgra que·l reys dels Frances E·l reys engles
fezesson patz, Et aquel fora pus *onratz*, Per Dieu, qui premiers la volgues<
(<En honor del Paire<, Raynouard a. a. O. IV, 89).

der Troubadours verhältnissmässig wenig Fälle hiervon finden, und
dies ist nicht grade auffallend. Denn aus dem, was früher über
das gegenseitige Verhältniss von Herren und Hofdichtern gesagt
worden ist, folgt, dass der Dichter vornehmlich darauf sein Augen-
merk richten musste, durch Lob des Herren Gunst zu gewinnen.
Dass Lob den Grossen gefalle, war ja offenbar, und auch Mahnung
zum Guten mochten sie sich gefallen lassen; eine freundliche Auf-
nahme offenen Tadels aber war selten zu erwarten. Dass solche
Lieder in der Poesie der Troubadours überhaupt vorkommen, ist
bezeichnend für den Geist derselben, der von knechtischer Schmeichelei
weit entfernt ist, wenigstens da, wo er sich durch einen würdigen
Vertreter äussert. Ein solcher ist GUIRAUT RIQUIER, jener Sänger,
dessen Bestreben dahin ging, die im Verfall begriffene Poesie zu
erheben und wieder zu Ehren zu bringen. Dass GUIRAUT von der
Aufgabe der Dichtkunst und ihrer Vertreter eine hohe Meinung hatte,
giebt sich u. a. in einem Liede kund, worin er sich nicht scheut,
seinem Gönner und Herrn, dem vorhin genannten König von Castilien,
mit dessen Lob auch er sonst nicht kargt, herben Tadel auszusprechen
(Lied XXXI in der Ausgabe von PFAFF, MAHN, Werke der Trouba-
dours IV, S. 46; RAYNOUARD IV, S. 387: >Qui'm disses, non a dos
ans<). Der Dichter beginnt mit dem Ausdruck des Schmerzes darüber,
dass der sonst so ruhmvolle König jetzt von jedermann verachtet
und getadelt werde: >Qu'er es tant vil tengutz sai E blasmatz que
sol parlar Non aus de luy ad honor.< In der zweiten Strophe theilt
uns der Dichter mit, weswegen der König, und zwar mit Recht,
getadelt wird: es ist der Mangel an kriegerischem Sinn, wodurch
seine Ehre mehr und mehr dahinschwindet. Im weiteren ermahnt
Guiraut den König, seine Worte wohl zu beherzigen und schliesst
mit der Versicherung, dass er einen unrühmlichen Herscher nie
preisen werde, denn seine eigene Ehre würde dadurch Schaden
leiden: >Jamays no m'esforsarai Del rey castellan lauzar Ni
d'autre, si en error Ven sos pretz, qu'a deshonor Me pogues ab
dan tornar.<

So glaubte der Troubadour seinem Herrn durch Lob, nöthigen
Falls durch Mahnung oder Zurechtweisung dienen zu müssen. Aber
hiermit ist der Inhalt keineswegs erschöpft, den die Dichter in ihren
Sirventesen niederlegten. Sie betrachteten sich nicht nur als Diener
eines Einzelnen, ihres Herrn und Gönners, sondern immer auch als
im Dienste öffentlicher Interessen stehend. Und wie das Haupt-

interesse ihres Herrn dessen Ehre ist, auf deren Erhaltung, Mehrung
und Verbreitung sie bedacht sein müssen, so drehen sich auch die
öffentlichen Interessen, denen sie dienen wollen, vorzugsweise um
die Ehre. Sie betrachten es als ihre Aufgabe, Ehre und Schande
nach Verdienst auszutheilen, überall das Rühmliche zu erheben, das
Schimpfliche zu brandmarken. Es ist die öffentliche Meinung, die,
in lobendem oder tadelndem Sinne, in ihren Gesängen zum Ausdruck
kommt, und wir werden nicht anstehen, diese Seite ihrer dich-
terischen Wirksamkeit als die für uns wichtigste und anziehendste
zu betrachten (vgl. DIEZ, *Poesie der Troubadours.* Zweite Auflage.
1883. S. 150).

Es sind uns Lieder aufbewahrt, worin die Dichter mit mehr
oder weniger Entschiedenheit ihre Ueberzeugung aussprechen, dass
es ihr Beruf sei, unabhängig von äusseren Rücksichten, in voller
Freiheit das Gute zu loben, das Schlechte zu tadeln. Besonders
bemerkenswerth ist jene bekannte Stelle, wo GRANET den Beherrscher
der Provence, Karl von Anjou, wegen seines Mangels an Freigebig-
keit tadelt und dann hinzufügt, sein, des Dichters, Beruf erheische
eine solche Stellungnahme, und jener dürfe seinen freimüthigen
Tadel nicht etwa übel vergelten, im Gegentheil, Karl habe die
Pflicht, ihn gegen etwaige Widersacher in Schutz zu nehmen, damit
er ungestört seinem Berufe sich hingeben könne: >Mos mestiers es
qu'ieu dey lauzar los pros, E dei blasmar los croys adreitamen, E
devetz me de mon dreitz mantener, Quar mos dreitz es que dey
blasmar los tortz; E si d'aisso m'avenia nulh dan, Vos per aisso
en devetz far deman< (RAYNOUARD a. a. O., IV, S. 237 >Comte
Karle, eu·s voill far entenden<).

Dass Tadel in den hierher gehörigen Liedern häufiger ist als
Lob, bemerkt man bald, und diese Erscheinung wird sich unschwer
erklären. Denn es lag in der Natur der Sache, dass, wo das per-
sönliche Verhältniss zu einem Herrn nicht im Spiele war, Tadel sich
dem Dichter häufiger aufdrängte als Lob: wer, wie sie, sich das
Amt des Sittenrichters zuspricht, wird immer geneigt sein, seine
Aufgabe mehr im Tadel des Schlechten, als im Lobe des Guten
zu erblicken. Der letztere Fall liegt, um ein Beispiel zu nennen,
in einem Liede von BERTRAN DE BORN vor, wo derselbe Konrad
von Monferrat preist, welcher durch die heldenhafte Vertheidigung
von Tyrus (1187) unter allen Zeitgenossen den höchsten Ruhm
erworben habe. Dass er Konrad zum Ruhme singe, erklärt er gleich

in den ersten Versen[1] (STIMMING a. a. O. S. 133): >Ara sai eu de
prez quals l'a plus gran De totz aquels que·s leveron maiti: Mes-
sers Conratz l'a plus fi ses enjan.< Und ausdrücklich bemerkt er,
dass er ohne Rücksicht auf Freund oder Feind, lediglich Konrad zu
Liebe (d. h. in unparteiischer Anerkennung seiner Tüchtigkeit) singe;
hiermit aber nimmt er den Beruf des Sittenrichters für sich in
Anspruch, der, unbeirrt durch persönliche Beziehungen, nur der
Sache wegen seine Stimme erhebe: >Senher Conratz, tot per vostr'
amor chan, Ni ges no·i gart amic ni enemi.<

Aber auch in dem Falle, dass der Dichter zum Lobe des Guten
sein Lied ertönen lässt, mischt sich doch fast immer, als Gegensatz
dazu,- der Tadel des Schlechten ein. So auch in diesem Liede.
Neben der Heldentugend Konrads erschien die Unthätigkeit der
Kreuzfahrer, die den Zug nach dem heiligen Lande gelobt hatten,
aber (1188) ihn anzutreten zögerten, um so verdammenswerther, und
Bertran trägt kein Bedenken, ihnen mit scharfen Worten ihr Unrecht
vorzuhalten: >— — que·ls crozatz vauc reptan Del passage qu'an
si mes en obli< etc.

So ist der Tadel recht eigentlich das Gebiet, auf dem die
Dichter ihre sittenrichterliche Wirksamkeit entfalten. Und in der
Regel üben sie ihr Censoramt nicht nur mit Strenge, sondern auch
mit leidenschaftlicher Heftigkeit, mit einer Bitterkeit, die oft den
Eindruck macht, als beruhe sie mehr auf persönlicher Feindschaft
als auf dem Hass gegen das Schlechte. Solcher Art ist z. B. der
Tadel, den LANFRANC CIGALA gegen den Markgrafen Bonifaz III. von
Monferrat ausspricht, der vom Kaiser Friedrich II. abgefallen war,
indem er sich von den Mailändern hatte erkaufen lassen (DIEZ,
Leben und Werke der Troubadours. Zweite Auflage 1882. S. 458).
Von leidenschaftlicher Anklage geht der Dichter zu Hohn und Spott
über und weist schliesslich auf die Schande hin, die der Markgraf
durch sein ehrloses Verhalten auf sich und die Seinigen geladen
habe: >Ai Monferrat, plangues lo flac dolen, Quar aunis vos e tota
vostra gen, Qu'aissi fenis l'onratz pretz veramen Que Monferratz
per tot lo mon avia. — Aunit marques, al diabol vos ren, Qui
(l. Qu'a) tal vassal taing aital segnoria< (>Estiers mon grat<, RAY-
NOUARD a. a. O. IV, S. 210).

---

[1] Um die Bestimmung des Liedes, Konrad zu ehren, recht augenfällig zu
machen, beginnt der Dichter alle folgenden Strophen desselben mit >Senher
Conratz.<

Das erste Erforderniss bei diesem Sittenrichteramt war natür-
lich die richtige Unterscheidung des Guten und des Schlechten oder,
was nach der Auffassung der Troubadours (und des höfischen
Mittelalters überhaupt) auf dasselbe hinauskommt, der Ehre und
der Schande. Und so rühmen sich denn auch mitunter die Dichter,
Ehre und Schande erkennen bezw. unterscheiden zu können und erklären
sich dadurch als zu jenem Berufe wohl befähigt. Schon der erste der
uns bekannten Troubadours, WILHELM IX., Herzog von Aquitanien,
rühmt sich dieser Kennerschaft(>Ben voill que sapchon li plusor, BARTSCH
a. a. O. 29, 1): >Eu conosc ben sen e folor E conosc anta et honor.<
Und GUILLEM FIGUEIRAS sagt im Eingange eines Liedes, in welchem
er den Kaiser Friedrich II. lobt und die Mailänder tadelt, ausdrück-
lich, er wäre sehr wohl befähigt, ein neues Sirventes zu dichten, da
er in Folge seiner vielfachen Lebenskenntniss Ehre und Schande zu
unterscheiden wisse: >Ja de far nou sirventes No quier autre eusen-
hador, Que ieu ai tant vist et apres Ben e mal e sen e folhor
Qu'ieu conosc blasme e lauzor E conosc anta e honor< (LEVY S. 43,
RAYNOUARD a. a. O. IV, 202).

Es würde viel zu weit führen, wollte ich es unternehmen, aus
den Sirventesen der Troubadours alles das zusammenzustellen, was
vereinigt gewissermassen ihren Ehrencodex bilden würde. Nur zwei
Punkte daraus will ich hier zur Sprache bringen, weil dieselben in
jenen Liedern eine besonders wichtige Rolle spielen. Der erste be-
trifft die Freigebigkeit. Dass diese ächt ritterliche Tugend für jeden,
der sich auszeichnen, der Ehre und Ruhm gewinnen will, ganz uner-
lässlich sei, ist die häufig zum Ausdruck kommende Meinung aller
jener Dichter. So sagt BERTRAN DEL POJET in einem Rügeliede
(>De sirventes aurai gran ren perdutz<, RAYNOUARD a. a. O. IV, 375):
>Que pretz vol dar e metre largamen, E malvestatz estreing e serra
e lia.< Und BONIFACI CALVO sagt (>Ab gran dreg son<, RAYNOUARD IV,
377): >Car totz seingner, on mais a cor volon D'aver mais e
d'esser mais poderos, De valer deu esser mais voluntos E de tot so
que fassa'ls pros grazir E *majorment de dar,* car fai tener Per pro
maint hom a pauc d'autre saber.< Kaum irgend etwas begegnet so
häufig in den Sirventesen der Troubadours wie das Lob der Freigebig-
keit bezw. die Mahnung, jene Tugend zu üben. Und dies ist leicht
erklärlich. Denn die Hofdichter förderten ja, indem sie die Neigung
der Herren zur Freigebigkeit verstärkten, ihre eigenen Interessen.
Auf die Interessen der Herren selbst bezieht sich der andere

Punkt, den ich hier erwähnen will. Wenn überhaupt Krieg und
Waffenthaten Ruhm verleihen (vgl. oben S. 12), so ist es insbesondere
für jeden, der ein Land beherrscht, Ehrenpflicht, seine Rechte und
Interessen Feinden gegenüber muthig zu verfechten,[1] schimpflich
dagegen, sich von seinen Feinden widerstandslos berauben zu lassen.
Hier können von den äusserst zahlreichen Fällen, wo dieser Punkt
von den Dichtern berührt wird, nur wenige aufgeführt werden.

BERTRAN DE BORN sagt in einem Liede, worin er den König
von Frankreich, Philipp August, auffordert, sich den Feinden des
Königs Heinrich's II. von England beizugesellen: >Reis qui per son
dreg si combat, A mielhs dreg en sa cretat, E, quar conquerec
Espanha Karles, n'a hom totz tempz parlat; Qu'ab trebalh et ab
larguetat Conquier reis pretz e·l guazanha< (>Jeu chan< STIMMING
S. 153).

Demselben Markgrafen von Monferrat, der, wie vorhin er-
wähnt, sich von den Mailändern hatte erkaufen lassen, um von
Friedrich II. abzufallen, wirft LANFRANC CIGALA vor, dass er aus
Mangel an kriegerischem Sinn viele der von ihm ererbten Besitzungen
verloren habe: >Tant es avols e de menut coratge Qu'anc jorn no·l
plac pretz de cavalaria, Per qu'a perdut pro de son heritatge,
Qu'anc non reqeis per ardiment un dia< (>Estiers mon grat<,
RAYNOUARD a. a. O. IV, 211).

Sowohl der eben genannte Kaiser Friedrich II. als auch Fried-
rich Barbarossa, die beide erbitterte Kämpfe mit den Mailändern
ausfochten, werden mehrfach von den Dichtern bei der Ehre an
ihre Pflicht gemahnt, sich von jenen an Rechten nichts rauben zu
lassen und sie wegen ihrer Auflehnung gegen die kaiserliche Herrscher-
gewalt zu züchtigen. So sagt BERNART DE VENTADORN, der Sänger
der Liebe, dem politische Betrachtungen im allgemeinen fern liegen,
er würde die Achtung vor dem Kaiser (Barbarossa) verlieren, wenn
derselbe nicht bald die Stadt Mailand seine schwere Hand fühlen
lasse: >A l'emperador dreiturier Frederic vuelh mandar e dir Que,
si mielhs no mante l'empier, Milan lo cuida conquerir — — — Don
vos jur per ma crezensa Que pauc pretz sa conoissensa E son sen

---

[1] Ueberhaupt ist es Gebot ritterlicher Ehre, hochmüthigen Feinden gegen-
über sich grimmig und trutzig zu erweisen, vgl. JEHAN DE TUIM, *„Hystore de
Julius Cesar"* 104, 19: „Et si redoit haus hom iestre fiers et combatans, et
encontre orgeillous doit iestre fel, quant il le sourkiert, pour cou que aucuns
ne puisse quidier que il le deporte par perece u par paour."

e sa sabensa, S'en breu no l'en sap far pentir< (>En aquest guai
sonet,< RAYNOUARD IV, 140). Und GUILLEM FIGUEIRA spricht sich
während des Streites, den der Enkel jenes grossen Kaisers mit den
Mailändern zu führen hatte, in ähnlicher Weise aus. Er sagt: >Quar
non lo tenon per senhor Enaissi com devrian far, E si·lh non repaira
enves lor En breu per sas antas venjar, L'emperi s'en poira clamar
D'elh e del sieu emperiar, Se laissa tolre ni mermar Lo dreyt qu'elh
deu adreyturar. E si l'emperaire reman, Que non cobr' er so qu'om
li tol Ja mais de bon *pretz* sobeiran Non aura tan com aver sol<
(>Ja de far un nou sirventes< RAYNOUARD IV, 202).

Der Tadel, den die Dichter als Sittenrichter erheben, richtet
sich etwa seit dem Beginn der Albigenserkriege [1] vornehmlich gegen
die Zeitgenossen im allgemeinen. Das Gute, so lautet ihre Klage,
räumt dem Bösen, die Tugend dem Laster den Platz. Hierbei ist
nun wohl zu beachten, dass sie die Verschlechterung der Zeit auf
das Schwinden des wahren Ehrgefühls und des rechten Ehrgeizes
zurückführen, bezw. darauf, dass die Begriffe über Ehre und Ruhm
gänzlich andere, verkehrte geworden sind. Mit der Ruhmliebe ist
zugleich die Freigebigkeit geschwunden, jene Tugend, die ja nach
der Ansicht der Troubadours zu dem Zwecke geübt werden soll, um
Ehre und Ansehen zu erlangen. An die Stelle der Ruhmbegierde
und der Freigebigkeit, dieser nothwendigen Stützen des Ritterthums,
ist nunmehr gemeine Selbstsucht und schnöde Habgier getreten.
Damit ist aber das ganze ritterliche Wesen an der Wurzel ange-
griffen und unrettbar dem Untergange verfallen.

Diesen im Laufe des XIII. Jahrhunderts immer lauter er-
schallenden Klagen der Dichter ist die Berechtigung nicht abzu-
sprechen. Die Zeit änderte sich damals in der That, und es war
nicht allein die Noth der Albigenserkriege, welche die Blüthe des
Ritterwesens im südlichen Frankreich zum Welken brachte. Auch

---

[1] Wenn DIEZ (>Poesie der Troub.< S. 55) sagt: >Die Klage (scil. über die
Verderbniss der Zeit) beginnt gegen die Mitte des XIII. Jahrhunderts,< so ist
der Anfangspunkt entschieden zu spät angesetzt; dichtete doch Peire Cardenal,
der Hauptvertreter dieser Richtung, nach Diez selbst (>Leben und Werke<
S. 359) von 1210 bis etwa 1230. Der Beginn der Klage reicht sogar bis in's
XII. Jahrhundert zurück, denn schon Marcabrun, der um die Mitte dieses Jahr-
hunderts dichtete, schilt heftig auf seine Zeitgenossen (vgl. SUCHIER, Jahrbuch
f. rom. u. engl. Spr. XIV, S. 273 ff); allgemeiner wird sie freilich erst im
folgenden.

anderwärts, im nördlichen Frankreich wie in Deutschland, bemerkt
man während des XIII. Jahrhunderts dieselbe oder doch eine ähn-
liche Aenderung in den Sitten und Anschauungen der Zeit wie die-
jenige, über welche die Troubadours klagen. Ueberall erblassen
die auf erhöhtem Ehrgefühl und Ruhmbegierde beruhenden ritter-
lichen Ideale, und am Ende des XIII. Jahrhunderts ist der ächte
Geist des Ritterthums völlig erloschen.

Hören wir nun einige Stimmen aus den Reihen der proven-
zalischen Dichter, welche die Veränderung des Ehrbegriffes beklagen.
Schon DIEZ (>Poesie der Troub.< S. 55) hat eine Stelle von GUIRAUT
DE BORNEILL angeführt, worin derselbe die gute alte Zeit, wo man
in schönen Waffenthaten seinen Ruhm suchte, der gegenwärtigen,
wo der Raub von Vieh für einen Ritter als rühmlich gelte, ent-
gegensetzt (>Per solatz revelhar<, RAYNOUARD a. a. O. IV, 290):
>Jeu vi torneis mandar E segre gens garnitz, E pueys dels miels
feritz Una sazo parlar; Ar es pretz de raubar Buous, motos e ber-
bitz< etc. — PEIRE CARDENAL, der, wie kein anderer Troubadour,
seiner Zeit den Spiegel vorgehalten hat, sagt: >No sai dire l'er-
ror Del segle fals traytor, Que fai de blasme lauzor E de sen
folhia< (>Falsedatz e desmezura<, RAYNOUARD IV, 341). Aehnlich
spricht sich BONIFACI CALVO aus: >Per tot so c'om sol valer Et
esser lauzatz Deval et es encolpatz, Car es proeza folia E leialtatz
nonsabers E gaieza leujaria, C'aissi es camjatz valers En avoles'
et il en lui qu'om te Lo croi per pro e qu'el pros non val re<
(Anfang des Liedes, RAYNOUARD IV. 378). — Die Klage über die
Reichen, welche, in Habgier befangen und der Ruhmliebe baar, das
Ritterthum zu Grunde richten, wiederholt sich so häufig, dass ich
davon absehe, Beispiele anzuführen. Nur eine Stelle will ich noch
hersetzen. von GUILLEM DE MONTAIGNAGOUT. Sie ist deswegen be-
merkenswerth, weil hier die Schuld an dem Schwinden der Ruhm-
begierde den Pfaffen zugeschrieben wird; ihnen gegenüber wird hier
betont, Gott selbst wolle die Menschen ehrliebend; denn da er den
Menschen nach seinem Bilde geschaffen, ja sogar es nicht ver-
schmäht habe, selbst in menschlicher Gestalt auf Erden zu wandeln,
so müsse der Mensch sich dieser ihm von Gott erwiesenen Ehre
stets bewusst bleiben und dementsprechend von Selbstgefühl durch-
drungen sein: >Del tot vey remaner valor, Qu'om no·s n'entremet
sai ni lay, Ni non penson de nulh ben say Ni an lur cor mas en
l'aor; E meron mal clercx e prezicador, Quar devedon so qu'a els

no's cove, Que hom per *pretz* non do ni fassa be; Et hom que pretz
ni do met en soan Ges de bon loc no'l mou al mieu semblan. —
Quar Dieus rol pretz e rol lauzor, E Dieus fo vers hom, qu'ieu o say,
Et hom que vas Dieu res desfay (l. mesfay?), E Dieus l'a fait
aitan d'onor Qu'al sieu semblan l'a fait ric e major E pres de si
mais de neguna re; Doncx ben es folhs totz homs que car no's te,
E que fassa en aquest segle tan Que sai e lai n'aya grat on que's
n'an< (>Del tot vey remaner valor<, RAYNOUARD IV, 335).

Weit merkwürdigeren Anschauungen über Ehre als in dem bis-
her betrachteten Theile der Poesie der Troubadours begegnen wir
in ihren Liebesliedern, den Canzonen. Denn der Ehrbegriff der
Sirventese ist, wenn auch besonders stark hervortretend, doch immer-
hin ein natürlicher, und die Weltliteratur wird gewiss mannichfaltige
Analogieen dazu aufweisen können. Anders in den Liebesliedern
der Troubadours. Die Rolle, die der Ehrbegriff hier spielt, entfernt
sich von den natürlichen Anschauungen so weit, dass, wer an diesen
Zweig der provenzalischen Poesie zuerst herantritt, eine gewisse
Mühe aufzuwenden hat, um sich mit dem hier vorliegenden Ideen-
kreise vertraut zu machen.

Zunächst ist hier die allgemeine Bemerkung am Platze, dass,
wie in den Sirventesen, so auch in den Canzonen der Troubadours
der Ehrbegriff den Mittelpunkt, gewissermassen die Seele bildet.
Nur von dem Standpunkte des Ehrbegriffes aus sind die Liebeslieder
der provenzalischen Sänger richtig und befriedigend zu deuten. Schon
dieser Umstand begründet einen tiefgehenden Unterschied zwischen
dieser Poesie und der Liebeslyrik anderer Völker. Denn, ausgenommen
vielleicht einige mittelalterliche Literaturen des Abendlandes, die von
der provenzalischen in höherem oder geringerem Masse beeinflusst
worden sind, wird sich wol kaum eine Literatur aufweisen lassen, in deren
Liebesliedern der Ehrbegriff eine so vorherrschende Rolle spielt wie
hier. Den natürlichen Verhältnissen entspricht es ja im Gegentheil,
dass in Liebesliedern der Ehrbegriff eine untergeordnete Rolle spielt,
da die Liebe ein so mächtiges, den ganzen Menschen ergreifendes
Gefühl ist, dass vor ihm jedes andere, auch das Ehrgefühl, zurück-
tritt. Man vergleiche nun die Canzonen der Troubadours mit Liebes-
liedern aus dem Alterthum oder der Neuzeit und man wird bald
erkennen, dass das so ganz verschiedene Gepräge der provenzalischen

Liebeslieder auf der beherrschenden Stellung beruht, welche der Ehrbegriff in ihnen einnimmt. Der Grund dieser Vorherrschaft aber ist der folgende. Die Liebe, wie sie in den Canzonen der Troubadours erscheint, ist nicht die natürliche, nicht jenes gewaltige dunkle Gefühl, welches zu allen Zeiten und bei allen Völkern Mann und Weib zu einander zieht, sondern es ist sozusagen eine Abart der Liebe, die vornehmlich dadurch gekennzeichnet wird, dass sie stets in Verbindung mit der Galanterie erscheint. Erwägen wir aber die eigentliche Natur der Galanterie, so wird sich bald herausstellen, dass dieselbe im wesentlichen nichts anderes ist als eine besondere, von den natürlichen Verhältnissen und Bedingungen absehende Ehrerweisung, die den Angehörigen des schwächeren Geschlechtes gezollt wird.

Das südliche Frankreich ist die Heimath der Galanterie. Kaum hatten dort die Frauen den Schritt von der engen Häuslichkeit, auf die sie bisher beschränkt gewesen waren, in die weiten Kreise der Geselligkeit gethan, so errangen sie auch jene in der Galanterie zum Ausdruck kommende bevorzugte Stellung, welche die Blüthezeit des Ritterthums kennzeichnet und besonders auf die literarische Thätigkeit der ritterlichen Kreise neugestaltend gewirkt hat. Aber der Ehrgeiz der Frauen, einmal geweckt, war nicht sobald befriedigt. Es genügte ihnen noch nicht, dass jeder Ritter es von nun an als seine Pflicht betrachten musste, ihnen mit Ehrerbietung zu begegnen. Sie richteten bald ihren Ehrgeiz auf ein höheres Ziel und, den Männern nachahmend, die den Ruhm als das erstrebenswertheste Gut betrachteten, wandten auch sie hierauf ihren Sinn: in weiten Kreisen ehrenvoll genannt, gepriesen zu werden, dünkte ihnen nun ein Ziel, dem nachzustreben ihrer würdig sei.

Die Umstände begünstigten den weiblichen Ehrgeiz. Denn eben dieselben, welche den Ruhm der grossen Herren verkündeten, waren auch bereit zur Uebernahme der Aufgabe, den Ruhm der Frauen zu verbreiten: die Hofdichter. Und wie die Beziehungen zwischen Dichtern und Herren durch Ehrgeiz geknüpft wurden, so gilt, mit wenig Ausnahmen, dasselbe auch von jenen Beziehungen zwischen Dichtern und Frauen, die in den Lebensschicksalen der ersteren eine so wichtige Rolle spielen. Und zwar wirkte Ehrgeiz auf beiden Seiten. Denn wie die Frauen danach strebten, einen Sänger an sich zu fesseln, der ihren Ruhm zu verkünden bereit und geschickt war, so mussten auch die aus dürftigen Verhältnissen hervorgegangenen

Hofdichter die Verbindung mit einer vornehmen Frau als hohe Ehre betrachten, und keiner unterliess es, sich hierum zu bewerben.[1] So werden wir uns denn auch nicht wundern, wenn wir den Gedankeninhalt der Liebeslieder vielfach demjenigen der Sirventese genau entsprechend finden; ist doch in der Anschauung der Troubadours der Frauendienst ein Gegenstück des Herrendienstes, gewissermassen ein auf eine höhere Stufe erhobener Herrendienst. Nicht nur den Herren gegenüber (vgl. S. 7 f.) machen die Troubadours zuweilen darauf aufmerksam, dass sie wohl im Stande seien, Ruhm zu verschaffen; entsprechende, an Frauen gerichtete Aeusserungen finden sich auch in den Liebesliedern. So erklärt ARNAUT DE MAROILL, indem er sich der >domna< als Diener anbietet, zugleich seine Absicht, für ihren Ruhm sorgen zu wollen: >Belha domna, si·us platz, Vuelh vostre pretz retraire< (>Ses joy non es valors<, RAYNOUARD a. a. O. III, 223). Um die Herrin günstig zu stimmen, berufen sich die Dichter mitunter darauf, dass sie von jeher auf Verbreitung ihres Ruhmes, auf Wahrung und Mehrung ihrer Ehre bedacht gewesen seien. So sagt der eben genannte Dichter: >De pus vos vi, aic lo sen e·l saber De vostre pretz creysser a mon poder, Qu'en manhs bons locs l'ai dig e fag auzir< (>Si·m destrenhetz dona<, RAYNOUARD a. a. O. III, 224). Noch stärker drückt sich BERENGUIER DE PALASOL aus: >Ni anc res non saupi pensar Qu'a vos fos pretz ni honramens, Qu'al tost far no fos pus correns Que si·n degues m'arma salvar< (>S'ieu sabi' aver guizardo<, RAYNOUARD a. a. O. III, 231). Aehnlich beruft sich PONS DE CAPDOILL auf seine Bemühungen um die Ehre der Herrin: >E pus tan l'am e ponh en sa honor, Non deu creire bruich ni malvais castic, Qu'en manhs bos luecs fas auzir sa lauzor< (>Astrucx es selh<, RAYNOUARD a. a. O. III, 176).[2]

Was nun die Art und Weise betrifft, in der die Troubadours den Ruhm der von ihnen erwählten Frau verkündeten, so zeichnen sich die an Frauen gerichteten Lobsprüche durch dieselbe Allgemeinheit und Ueberschwänglichkeit aus wie die an Herren gerichteten. Die Frau wird stets als die vorzüglichste ihres Geschlechtes, als das verkörperte Ideal des Guten und Schönen, als unerreichtes Muster aller weiblichen Tugenden hingestellt, ähnlich wie in den früher besprochenen

---

[1] Vgl. DIEZ: >*Die Poesie*< u. s. w. Zweite Auflage, S. 119.
[2] Weiteres hierüber bei DIEZ: >*Die Poesie*< u. s. w. Zweite Auflage, S. 121.

Liedern der Herr als Inbegriff aller ritterlichen Tugenden erscheint.
Als Probe möge eine Stelle aus BERTRAN'S DE BORN Liedern dienen,
worin derselbe die Ankunft einer hohen Frau feiert, der sein Herz
sich zugewandt hatte: >Lemozin, be vos deu plazer Qu'araeus es
vengutz melhz de be; Tan com mars clau ni terra te Non ha
dompna on puosca caber Lo bes qu'om pot en lei vezer; Noi ha
joi qui de lei no·l te, Qu'ella sap tan gen far e dire Tot so qu'a
bon prez aperte Qu'ab son joi fai los iratz rire, Tant avinenmen se
capte< (>Cel qui camja<, STIMMING a. a. O. S. 144)[1]. — Neben den
sonstigen Vorzügen der Frau wird in der Regel auch ihr ehr- und
ruhmliebender Sinn aufgeführt, ebenso wie wir dies in Herren
gewidmeten Lobsprüchen (vgl. S. 9 u. 10) finden, so z. B. in dem
eben angeführten Liede BERTRAN's: >Aquesta vos die que *mante Pret*:
e joi, tan ama·n *honor*< etc. Aehnlich PEIRE ROGIER: >— — mai
que tot vol bon pretz mantener< (>Non sai don chant<, APPEL,
Peire Rogier. 1882. S. 48). Derselbe: >— — ilh mante pretz e joy
veray Quan tot autra gens s'en recre< (>Tant ai mon cor<, APPEL
a. a. O., S. 51, RAYNOUARD a. a. O. III, 34).

Oft wird hervorgehoben, dass die Trefflichkeit und der Ruhm
der verehrten Frau fortwährend steigt oder wächst[2] und dass alle
Kundigen und Wackeren in ihrem Lobe einig seien. So sagt PONS
DE CAPDOILL: >A totz jorns *creis* vostra valors veraya Sobre totas,
e sai vos dir per que, Quar valetz mais< (>Humils e fis<, RAYNOU-
ARD a. a. O. III, 175). Aehnlich BERTRAN DE BORN: >Rassa, tant
creis e *monta* e *poja* Cella qu'es de totz engans voja, Sos pretz a
las autras enoja, C'una no·i a que ren i noja — — Que·l plus
conoissen e·lh melhor Mantenon ades sa lauzor< (STIMMING a. a. O.
S. 203). In der dritten Strophe dieses Liedes wird auf den ruhm-
liebenden Sinn der Gefeierten hingewiesen mit dem Bemerken, dass
sie arme, aber wackere Männer (zu denen sich der Verfasser jeden-
falls selbst rechnet) solchen vorziehe, die nur Reichthum aufzuweisen
haben; daran wird die Mahnung geknüpft, stets solche ehrliebende Ge-
sinnung zu bewahren: >Rassa, als rics es orgolhosa E fai gran sen a lei
de tosa, Que non vol Peitieu ni Tolosa Ni Bretanha ni Saragosa, Anz

---

[1] Ueber das Lob der Frauen in den Liebesliedern der Troubadours vgl.
auch DIEZ: >*Die Poesie*< u. s. w. Zweite Auflage, S. 140 ff.

[2] Ebenso auch in Sirventesen, mit Bezug auf Herren, so wird König
Alfons von Castilien genannt >*creyssen* de pretz e d'onor tota via< (FOLQUET DE
LUNEL: >Al bon rey<, RAYNOUARD IV, 240).

es de pretz tant envejosa Qu'alz pros paubres es amorosa; Pois
m'a pres per chastiador, Prec li que tenha car s'amor Et am mais
un pro vavassor Qu'un comte o duc galiador Que la tengues a
desonor.< Es erscheint hier also derselbe Gegensatz zwischen Ehre
und Reichthum, der in den Sirventesen über den allgemeinen Sitten-
verfall eine so grosse Rolle spielt; vgl. S. 20.

Wir sehen zugleich aus der zuletzt angeführten Belegstelle, dass
in den Canzonen der Troubadours nicht nur der Ruhm der Frau
verkündet wird, sondern dass es dem Dichter auch freisteht, eine
Mahnung zu rühmlichem Gebahren, zur Bethätigung ehrliebender
Gesinnung einfliessen zu lassen. Hierher gehört auch der gar nicht
seltene Fall, dass die Frau um Gewährung ihrer Huld ersucht wird
mit dem Hinweis darauf, dass eine solche Gewährung für sie ehren-
voll sein, eine Zurückweisung der Bitte dagegen ihre Ehre schmälern
würde. Denn ein edles Herz müsse mit solchen, die, dem Tode
nahe,[1] demüthig um Hilfe flehen, Mitleid fühlen und ihnen Hilfe
bringen. Eine Frau, die ihren Ruhm hochhalte, dürfe daher nicht
zweifelhaft sein, wie sie sich in solchem Falle zu benehmen habe.
Hören wir nun, wie die Dichter unter Hervorhebung dieses Punktes das
Ehrgefühl der Frauen zu Hilfe rufen. GUIRAUDO LO ROS: >— — plaza
vos mos enans, Que rics honors, on plus autz es e grans, Deu miels
gardar que non prenda mermansa; Quar pretz dechai lai·on sofrainh
merces< (>Nulhs hom non sap", RAYNOUARD III, 7). — Derselbe in
einem andern Liede (>A lei de bon servidor<, RAYNOUARD a. a. O. III, 9):
>De totas avetz la flor, Dompna, mas merces hi tanh: Pueys
auretz so que pertanh A bon pretz et a ricor.< — GUILLEM DE
CABESTAING sagt in dem Liede, welches DIEZ (>*Leben und Werke*< u. s. w.
Zweite Auflage. S. 77) den Schwanengesang desselben nennt (>Li dous
consire<, BARTSCH >*Chrest.*<, 76): >Non trop contenda Contra vostras
valors; Merces vo·n prenda Tals qu'a vos si' *onors.*< — PEIRE
RAIMON DE TOLOZA: >E fora li *benestan,* Si·m des alegransa, Tan
qu'aleuges mon afan Ab douss' acoindansa< (>Pessamen ai e cossir<,
RAYNOUARD a. a. O. III, 121). — In einem andern Liede desselben
Sängers wird sogar der alte Hippokrates zur Stütze dieser Ansicht
angeführt: >E ja no·m desesper per tan — — — Ni·m vuelf per
nulh autre dezir; De so gart qu'il n'er benestan: Qu' Ipocras, so

---

[1] Als solche pflegen sich ja die Troubadours hinzustellen, wenn sie um
Liebe bitten.

ai auzit dir. Ditz que metges non deu fallir De nulh cosselh qu'om li deman< (>Enquera·m vai<, RAYNOUARD a. a. O. III, 131). — PONS DE CAPDOILL meint, wenn sie aus *Liebe* ihm nicht helfen wolle oder könne, so solle sie es aus *Ehrgefühl* thun: >S'amors no vol venir El sieu bell cors plazen, Lo verai pretz valen Deu garar de falhir, Quar s'ieu muer, *no l'er gen*, ebenda S. 173. — PEYROL klagt in folgender Weise über die Grausamkeit seiner Herrin: >De tota joia·m deslonja Ma dona, *e non l'es honors*, Qu'ab calque plazen messonja Mi pogra far gen socors< (>Manta gens<, RAYNOUARD a. a. O. III, 276). — PERDIGON: >Si m'aucizetz, no cug que *be·us estia*< (>Aissi cum selh<, RAYNOUARD III, 346, auch Arnaut de Maroill zugeschrieben). — Diese den Troubadours geläufige Anschauung hat sich auch eine Dichterin, NA CASTELLOZA, zu eigen gemacht, indem sie in folgender Weise ihren hartherzigen Geliebten zu erweichen sucht: > — — si·m laissatz morir, Faretz peccat, e serai n'en turmen, E seretz ne *blasmatz* vilanamen< (>Amics, s'ie·us trobes<, RAYNOUARD III, 372).

Mehrfach wird die Hilfe der Frau angerufen mit dem Hinweis darauf, dass es einem Herrn nicht wohl anstehe, wenn er seinen Mannen keinen Schutz angedeihen lasse, wenn er sie hochmüthig behandle oder gar tödte.[1] So beklagt sich PONS DE CAPDOILL über seine Herrin, die ihn, obwohl er in Todesgefahr schwebe, im Stiche lasse und fährt dann fort: >Per so conosc qu'es dan e *deshonors* Qui non a cor (l. acor) als dezapoderatz; Que ja castelhs frevols qu'es assetjatz Ab gran poder, no·s tenra ses secors; E si·l senher de cui es no·l defen, En sa colpa lo pert pueys longamen: Aissi perdra ma don' al sieu tort me, Pus no·m socor on plus li clam merce" („Aissi cum selh qu'a pro de valedors<, RAYNOUARD a. a. O. III, 187). — GAUCELM FAIDIT spricht sein Erstaunen darüber aus, dass seine >domna<, die doch sonst den Geboten der Ehre folgt, die Pflichten des Herrn gegen seinen Mann missachtet: >Meravilh me, pus ab mi dons es tan Pretz e valors, plazers e digz cortes, Com pot esser que no i sia merces; E·m meravilh de lieys on es *honors,* Sens e beutatz, que ja no i sia amors; E·m meravilh de domna d'aut paratge, Belh' e gentil, qu'es de *mal senhoratge*< (>Tant ai

---

[1] Der Herr muss grimmig gegen Feinde, jedoch freundlich und hilfsbereit gegen seine eigenen Mannen sein; vgl. JEHAN DE TUIM 102, 12: >Car mout se doit haus hons doloir, et tous li mons l'en doit blasmer et vil tenir, quant il lait son droit deceoir, s'ounour abaissier et *ses homes fourmener* par se malvestie et par cou k'il a nule bonte ne se puet atourner.<

sufert<, RAYNOUARD III, 289). — BLACATZ wirft seiner Herrin
sogar vor, dass sie an seinem Tode schuld sei: >Per vos, domna,
morrai — — — E non es *benestan* Qu'hom eys los *sieus* aucia<
(>Lo belh dous temps<, RAYNOUARD a. a. O. III, 337).

Wir sehen in diesen Aussprüchen die Anschauung wirksam, dass
der um die Huld der Frau sich bewerbende der Dienst- oder Lehns-
mann derselben sei, eine Anschauung, welche überhaupt auf die
Ausgestaltung des Frauendienstes, in der Wirklichkeit und besonders
in der Dichtung, einen grossen Einfluss ausübte, ja ihr eigentlich
zu Grunde liegt.[1] Für uns ist hier zunächst folgender Punkt von
Interesse. Der Lehnsmann hat die Pflicht, seinen Herrn zu ehren
(vgl. oben S. 7); es folgt also für den Dichter die Verpflichtung,
die von ihm erwählte Frau zu ehren und auf ihre Ehre bedacht zu
sein, schon aus dem in der Einbildung vorhandenen Dienstverhält-
niss, in dem er zu derselben steht; er muss also auch seine dich-
terische Kunst aufbieten, um ihr Lob zu singen, ihren Ruhm zu
verbreiten.

Den engen Zusammenhang zwischen >dienen< und >ehren< bringen
die Troubadours schon äusserlich dadurch zum Ausdruck, dass sie
in formelhafter Weise die beiden Verba >servir< und >honrar<, in
Bezug auf den Frauendienst, zusammenstellen.[2] So sagt GUILLEM
MAGRET: >Si per servir ni per honrar Ni per sa dona tener car
Deu negus fis amans murir, Ben conosc que·m devetz aucir< (>Atrestan
be·m tenc<, RAYNOUARD a. a. O. III, 419). — RAIMBAUT DE VAQUEIRAS
sagt in einer Tenzone, mit dem Markgrafen ALBERT, in Bezug auf
eine Frau, von der er sich losgesagt hat: >ren non l'ai mespres,

---

[1] Wenn DIEZ (>*Leben und Werke*<, u. s. w. Zweite Auflage, S. 316), eine
Canzone RAIMON's DE MIRAVAL erläuternd, bemerkt: >Der Troubadour spielt
hier auf eine *ihm eigenthümliche* Huldigung an, welche darin bestand, dass er
sich für den Vasallen seiner Damen und sein Schloss für ein von ihnen empfan-
genes Lehen erklärte<, so ist dies nicht ganz richtig, da die Dichter auf das
imaginäre Lehnsverhältnis zu der Frau häufig anspielen. Dass, mit weiterer
Ausspinnung dieses Gedankens, auch das Besitzthum des Sängers ausdrücklich
als ein von der Frau abhängiges Lehen bezeichnet wird, kommt allerdings selten
vor, aber es findet sich auch z. B. in einem Liede von GUILLEM MAGRET:
>— — chauzimen no·m val Ab vos de *cui tenc so qu'es mieu*< (>Atrestan be·m
tenc<, RAYNOUARD a. a. O. III, 419).

[2] Für das Altfranzösische habe ich die formelhafte Verbindung von >servir<
und >honorer< schon >Zeitschrift für romanische Philologie< IX, S. 207 her-
vorgehoben.

Ans l'ai lonc temps servida et onrada« (»Aram digatz, Rambautz«, RAYNOUARD a. a. O. IV, 9). — Ebenso in folgenden Beispielen: PEIRE RAIMON DE TOLOZA: »Lo cors c'l sen e l'albir Ai mes, c'l vejaire. En lieys honrar e servir« (»Pessamen ai e cossir«, RAYNOUARD a. a. O. III. 120). — PONS DE CAPDOILL: »— — amar e servir Et onrar la sabia« (»Ben es folhs selh«, RAYNOUARD a. a. O. III, 178). — GAUCELM FAIDIT: »Qu'amors s'abriva e s'enansa Ab honrar et ab servir« (»Sitot ai tarzat«, RAYNOUARD a. a. O. III, 291.

Aber aus diesem erdichteten Lehnsveshältniss folgt nicht nur für den Sänger die Verpflichtung, die Frau zu ehren und zu verherrlichen, sondern auch für die Frau ergiebt sich daraus die Anforderung, ihren Sänger zu ehren. Denn dass der Lehnsherr seine Mannen, die ihm dienen, ehren soll, gilt im ganzen Mittelalter als sittliches Gebot und wird auch von den Troubadours hervorgehoben. So sagt BERNART DE LA BARTA: »Reis deu amar et onrar sa natura (d. h. die schon durch die Geburt zu seinem Dienst verpflichteten) Et al meillor deu far meillaramen De mais d'onor e de mais d'onramen« (»Foilla ni flors«, RAYNOUARD a. a. O. IV, 195).[1] So führt diese Anschauungsweise dazu, dass der Troubadour auch seinerseits von der verehrten Frau Ehre zu erwarten sich berechtigt glaubt. Unter der von ihm in Anspruch genommenen Ehre aber versteht er Gunstbezeugungen von Seiten der Frau, mögen dieselben nun höheren oder geringeren Grades sein. So reden denn die Dichter viel von der Ehre, die sie von der Herrin erwarten oder bereits von ihr erhalten haben, und häufig findet sich in ihren Liedern »honor«, daneben auch »honransa«, »honramen« (mit Bezug auf letzteres Wort vgl. RAYNOUARD, »Lexique roman«. Paris 1840. III, 535) mit dem angegebenen Nebensinn, also gewissermassen in technischer Bedeutung.[2] Einige Beispiele mögen dies bestätigen.

---

[1] Man vergleiche folgende Stelle aus JEHAN DE TUIM a. a. O. 103, 2: »(Haus hom) s'il veut monter em pris et lui faire aloser, si doinst largement et merisse a ciaus ki siervice li font; si doit amer ses chevaliers et *hounerer* et aquellir entour lui et douner les biaus dons a cascun, si comme il a lui afiert.«

[2] Die Ehre ist zugleich der Lohn für geleistete Dienste, daher sind jene Wörter zuweilen geradezu mit »Lohn« zu übersetzen. Der enge Zusammenhang der beiden Begriffe »Ehre« und »Lohn« zeigt sich ja auch bei uns in dem Gebrauche des Wortes »Honorar«. Aehnlich ist es, wenn im Alfranzösischen und Provenzalischen »honor« auch in der Bedeutung »Lehen« vorkommt, denn das Lehen wird eben als Lohn für geleistete Dienste verliehen; vgl. „Zeitschrift f. rom. Phil. IX, S. 206 und RAYNOUARD »Lexique«, a. a. O., S. 534.

GUIRAUDO LO Ros bittet folgendermassen um Erfüllung seiner Wünsche: >— — bona domna presans, No·m tardasetz hueimais vostra honransa, S'aver la dei ni·l vostres plazers es< (>Nulhs hom non sap<, RAYNOUARD a. a. O. III, 7). — ARNAUT DE MAROILL dankt für erwiesene Gunstbezeugungen mit den Worten: >Domna, ·ls plazers grazisc e las honors — — — Quar me sufretz qu'en bon esper estia< (>L'ensenhamentz e·l pretz<, RAYNOUARD a. a. O. III, 212). — Die erste und gewissermassen grundlegende Ehre, die der Dichter von der Frau erwarten kann, besteht in der Annahme desselben als Liebhaber; um diese Ehre bittet z. B. GUILLEM DE CABESTAING in der Tornada einer Canzone: >Ai, quan sera l'ora, domna, qu'ieu veya Que per merce me vulhatz tant *honrar* Que sol amic me denhetz apelhar< (>Lo jorn qu'ie·us vi<, RAYNOUARD a. a. O. III, 107). — Aber auch viel weiter gehende Gunstbezeugungen von Seiten der Frau können als >honor< bezeichnet werden, so sagt BERNART DE VENTADORN: >Mon Joi coman al Veray Glorios; L'*honors* que·m fetz sotz lo pin en l'erbos En aquel temps, quant elha me conquis, Me fai viure e me ten deleitos; Qu'ieu fora mortz, s'aquilh *honors* no fos E·l bon respieg que mi reverdezis< (>Bels Monruels<, RAYNOUARD a. a. O. III, 62). — In entsprechender Bedeutung wird das Verbum honrar gebraucht, so von demselben Bernart: >Bels Conortz, quan me sove Com gen fui per vos honratz, E quant ar vos m'oblidatz, Per un pauc non muer dese.<[1]

Gern wird >honor< in den Liebesliedern der Tronbadours zusammengestellt mit >be< d. h. >Gutes< oder >Wohlthat<, und zwar

---

[1] In eigenthümlicher Weise wird zuweilen das adjectivische Particip >honrat< gebraucht, nämlich ungefähr in der Bedeutung >erfolgreich< oder >glücklich<, in Bezug auf Liebesangelegenheiten. So von GAUCELM FAIDIT: >Si anc nulhs hom per aver fin coratge — — — Ac de si dons nulh' *onrada* aventura< etc. (RAYNOUARD a. a. O. III, 292, Liedanfang). Demselben Liede gehört folgende Stelle an: >— — *honrat* jorn e plazen ser E tot don qu'a drut eschaya Sai dezirar e voler.< — BLACASSET spricht von dem >joi d'amor, don atcu *honrat* joc, Qu'al flac jelos eug dir mat ses tot roc< (>Gerra mi play<, RAYNOUARD IV, 217). Jene Bedeutung erklärt sich leicht, denn die Begriffe >Ehre< und >Erfolg< oder >Glück< berühren sich ja. Daher finden wir auch >honratz< und >aventuros< zusammengestellt: >Be·m tengra per honratz E per aventuros, S'aprop cent braus respos En fos d'un joy paguatz< (BLACATZ, >Lo belh dous temps<, RAYNOUARD a. a. O. III, 338).

in der Wendung >faire ben et honor< >Ehre und Wohlthat erweisen<;[1]
>ben et honor< bezeichnet dann die Gesammtheit dessen, was der
Dichter von der Frau erfleht. So BERNART DE VENTADORN: >L'onors
niʼl bes que mʼa en cor a faire< (>Be mʼan perdut<, BARTSCH.
Chrestomathie. Vierte Auflage. Sp. 60, RAYNOUARD a. a. O. III, 73). —
Derselbe: >E quan li plai, fai mʼen ben et honor< (>Quant erba
vertz<, RAYNOUARD a. a. O. III, 55). — BERENGUIER DE PALAZOL:
>— quan li play queʼm fai be ni honor< (>Mais ai de talan<. RAY-
NOUARD a. a. O. III, 238).

Das Thema der Ehre, welche die Frau und ihr Anbeter sich
gegenseitig zu erweisen haben, finden wir auch in einem Streitliede
behandelt. GUI DʼUISEL streitet mit MARIA DE VENTADORN darüber,
ob die Frau ihrem Liebhaber die gleiche Ehre erweisen müsse wie
dieser ihr. Gui behauptet, dass Gleichheit stattfinden müsse, im
Hinblick auf die Macht der Liebe, welche keinerlei Rangunterschiede
anerkenne. Maria bestreitet dies, unter Hinweis darauf, dass der
Liebhaber sich der Frau immer als Lehnsmann anbiete: >Ans ditz
cascus, quan vol preiar, Mas junthas e de genolhos: Domna, vulhatz
queʼus serva humilmen Com lo vostrʼ om<; der Liebhaber stehe
daher zu der Frau im Verhältniss nicht nur eines Freundes, sondern
auch eines Dieners, und so könne auch die Ehre, die sie gegenseitig
sich zu erweisen haben, nicht die gleiche sein: >Eʼl drutz deu far
precx e comandamen, Com per amigua e per domnʼ eissamen; E
domna deu a son drut far honor Com ad amic e no com a senhor<
(>Gui dʼUiselh, beʼm peza<, RAYNOUARD a. a. O. IV, 29).

Eine nicht unwichtige Ehrenfrage war ferner die, ob eine Frau
zuerst um Liebe bitten dürfe. Die meisten Stimmen erklärten sich
dagegen, indem sie dies für unziemlich erklärten, doch gab es auch
Stimmen, die sich im entgegengesetzten Sinne aussprachen. Sogar
eine Dichterin, NA CASTELLOZA, will sich des Vorrechtes der Frauen,
Bitten nicht selbst zu thun, sondern zu erwarten, entäussern: >Eu
sai ben quʼa mi estai gen, Si beʼis dizon tuit que mout descove

---

[1] Die Bedeutungen der beiden Wörter liegen einander ausserordentlich
nahe; so bittet BERNART DE VENTADORN die Herrin um Erweisung von >qual-
que be< und meint damit kaum etwas anderes als das, was die Troubadours
und Bernart selbst auch mit >honor< bezeichnen (>Lanquan vey la fuelha<,
RAYNOUARD III, 64). Die Nachbarschaft der beiden Begriffe >Wohlthat<
und >Ehre< zeigt sich auch im Mittellateinischen darin, dass >honor< zu-
weilen dasselbe wie >beneficium< bedeutet, nämlich >Lehen<.

Que dompna preia cavallier de se — — — Mas cel q'o ditz non
sap ges ben chauzir, Qu'ieu vueil proar, enans que'm lais morir,
Qu'el preiar ai un gran revenimen, Quan prec sellui don ai greu
pessamen< (>Amics, s'ie·us trobes<, RAYNOUARD a. a. O. III, 371).[1]
Und in einer Tenzone zwischen PEIRE D'ALVERNHE und BERNART DE
VENTADORN erklärt der letztere geradezu, ginge es nach ihm, so
würden die Männer sich gar nicht mehr bittend an die Frauen
wenden, es vielmehr diesen überlassen, den ersten Schritt zu thun;
Peire dagegen nennt dies ungeziemend: >Peire, si fos al mieu
plazer Lo segles fatz dos ans o tres, Non foron, vos dic en lo ver,
Dompnas per nos pregadas ges; Ans sostengran tan gran pena
Qu'elas nos feiran *tan d'onor* Qu'ans nos preguaran que nos lor. —
Bernartz, so es *desavinen* Que dompnas preion, ans cove Qu'om las
prec e lor clam merce.<

Auch abgesehen von der Ehre, welche der Sänger von der
Frau erwartete, fand derselbe in dem Verhältniss zu ihr mannich-
faltige Befriedigung seines Ehrgefühls. Schon die blosse Thatsache,
dass er sie liebt, ist ehrend für ihn. Denn nur die besten werden
von der Liebe zu Werkzeugen auserwählt, in denen sie sich ver-
herrlichen will; der Schlechte hat nie Antheil an ihr. Dass also
die Liebe sich seines Herzens bemächtigt und dasselbe auf die
beste und schönste Frau der Welt hingelenkt hat, ist eine hohe
dem Sänger erwiesene Ehre. Mit einer Vermischung weltlicher und
göttlicher Dinge, die den Troubadours geläufig ist, wird sogar der
Satz aufgestellt, Gott selbst habe dem Dichter diese Ehre erwiesen.
Ich führe einige Stellen als Belege für diese Anschauungen an.

FOLQUET DE MARSEILLA: >— — s'ieu puesc amar Mielhs de
Be (Versteckname der Herrin), Per dreg m'en eschai la lauzors<
(>Ab pauc ieu d'amar<, RAYNOUARD a. a. O. III, 151). — RAIM-
BAUT DE VAQUEIRAS: >E ditz qu'ieu am — — — La melhor
domna — — —; *Qu'onors* e pros e *pretz* m'er, e non dans< (>Era·m
requier<, RAYNOUARD a. a. O. III, 258). — UC BRUNET: >Mas a
mi fai (scil. Amors) sobre totz un' *onransa,* Qu'anc mon dezir no
vole en dos devire, Ans, quan se ven en mon fin cor assire, Totz
autres pes gieta defors e lansa< (>Cortezamen mou<, RAYNOUARD
a. a. O. III, 315). — PEYROL: >E fai que corteza (scil. Amors),

---

[1] Dieselbe Ansicht äussert sie in dem Liede >Ja de chantar<, RAYNOUARD
a. a. O. III, 370.

Quar pren los melhors; No s'eschai D'ome savai Que aja tan
d'onors Que d'amor senta dolors< (>Quora qu'amors<, RAYNOUARD
a. a. O. III, 270). — BERNART DE VENTADORN: >Gran ben e gran
honor Conosc que Dieus me fai, Qu'ieu am la belazor, Et ella me,
so sai< (>Pus mi preiatz<, RAYNOUARD a. a. O. III, 58).

Wenn der Sänger schon durch die blosse Thatsache, dass die
Liebe zu einer ausgezeichneten Frau in seinem Herzen Wurzel
gefasst, sich erhoben fühlt, so bietet sich ihm auch bezüglich
seines weiteren Verhaltens der Herrin gegenüber mannichfaltige
Gelegenheit, sich vor seines Gleichen auszuzeichnen. So rühmen
sich die Dichter nicht selten der Lauterkeit und Treue ihrer
Liebe oder ihres muthigen Ausharrens trotz anfänglichen Miss-
erfolgs. So GUIRAUT DE SALIGNAC: >Qu'en tan quan mars
ni terra te Non a tan fin aman cum me< (>Per solatz e per
deport<, RAYNOUARD a. a. O. III, 397). — GUIRAUDO LO ROS:
>Ades y fatz gran sen e gran folhia, Quar sui vostres, e no m'en
sabetz grat; Mas ja non vuelh qu'en blasm'om ma foudat, E volria
que'm fos lauzatz lo sens, Quar de bon sen mou bos afortimens,
Et anc fols hom no s'afortic un dia< (>Ara sabrai<, RAYNOUARD
a. a. O. III, 11). — Aehnlich rühmt sich RAIMBAUT DE VAQUEIRAS
seiner Kühnheit, die er dadurch bewiesen, dass er es gewagt, eine
so hohe Frau um Liebe zu bitten; er vergleicht seine Kühnheit mit
derjenigen des Eumenidus beim Sturm auf Tyrus und bemerkt: >Mas
a mi tanh mais de pretz e d'onransa. Qu'endreg d'amor fon l'ardi-
mens pus grans< (>Era'm requier<, RAYNOUARD a. a. O. III, 259).

Der Erfolg, das Glück in der Liebe hat für den Ehrenpunkt
keine Bedeutung. Nur vereinzelt wird Erfolglosigkeit langdauernder
Liebesbewerbung als Schande bezeichnet. So von PEYROL: >Ar vey
que non es mas folhors Aquesta entendensa lonja, Dont ai fag
tantas clamors Qu'anta n'ai e vergonja< (>Manta gens<, RAYNOUARD
a. a. O. III, 278). — Aehnlich sagt GAUCELM FAIDIT, indem er
sich von einer hartherzigen Frau lossagt: >No'm tenra mais enfrenat
sos mals fres, Qu'era m'en part, sitot m'es dexonors< (>Tant ai
sufert<, RAYNOUARD a. a. O. III, 289). — Solche auf verdüsterter
Stimmung beruhende Aeusserungen finden sich, wie gesagt, nur ver-
einzelt; in der Regel trösten sich die unglücklich liebenden Dichter
mit dem entgegengesetzten Gedanken, dass nämlich treue Liebe,
auch wenn sie unerwiedert, unbelohnt bleibt, ruhmvoll ist. So
PEYROL: >Non soi pro ricx sol qu'ieu l'am finamen? Grans *honors*

m'es que s'amors me destrenha< (>Ben dei chantar<, Raynouard III.
273). — Blacatz: >Ja de vos no·m partrai; Que major *honor*
ai Sol en vostre deman Que s'autra·m des baysan Tot quant de vos
volria< (>Lo belh dous temps<, Raynouard a. a. O. III, 338). —
Aimeric de Peguillan: >E s'ieu cum fols sec mon dan folamen,
A tot lo mens m'er la foudatz *honors*< (>En greu pantays<, Ray-
nouard a. a. O. III, 427). — Sordel: >Mas no la sier ses guazardo,
Quar fis amicx no sier ges d'aital guia, Quan sier de cor en honrat
loc prezan; Per que *l'onors* m'es guazardos d'aitan< (>Bel m'es ab
motz<, Raynouard a. a. O. III. 444). — Guiraudo lo Ros: „Mas
mal trazen creis honors, C'om estiers pretz non rete< (>A la mia fe<.
Raynouard a. a. O. III, 5). — Von Raimbaut d'Aurenga besitzen
wir ein Lied, worin der Dichter sein Liebesunglück zum Gegen-
stande seines Witzes macht; er rühmt sich seines Unglücks in
folgender Weise: >Et ieu sui aitan malastrucx Que de malastre
port la flor, Et ai de malastre *l'honor* Levat, malastre de senhor<
(>Er no sui ges<, Raynouard a. a. O. III, 21).

Selbst der des Sängers unglückliche Liebe endende Tod kann
den Ruhm des treu ausharrenden nur erhöhen. Dieser Gedanke
wird von Peire Rogier folgendermassen ausgedrückt: >Per s'amor
viu, e se·n moris, Qu'om disses qu'ieu fos mortz aman, Fait m'agr'A-
mors *honor* tan gran Qu'ieu say e crey Qu'anc a nulh drut major non
fey; Vos jutgatz, dompna — — —; si mal tray Ni muor per vos.
joys m'es e *pret*:< (>Per far esbaudir<, Appel a. a. O. S. 46; Ray-
nouard a. a. O. III, 33). — Arnaut de Maroill: >Ailas! qu'en
er, si no·m socor? Non als mas deziran morrai; E doncx aura hi
gran *honor*, Si per so quar l'am mi dechai< (>A guiza de fin amador<.
Raynouard a. a. O. III, 225). -- Guiraudo lo Ros ist im Zweifel.
ob er der ungnädigen Herrin noch fernerhin treue Liebe widmen oder
sich von ihr trennen soll. Der Tod ist ihm in beiden Fällen ge-
wiss, aber der grösseren Ehre halber entscheidet er sich für den
ersten: >Mas a plus *honrad'* ochaizo Murrai, si·us am per bona fe:
Sitot noqua·m faitz autre be, Tot m'es *honors* so que de vos m'eschaya<
(>Aujatz la derreira chanso<, Raynouard a. a. O. III, 13).

Die Ehre, um die es sich an diesen Stellen handelt, bezieht sich
lediglich auf die Art und Weise, wie der Liebende sich der Herrin
gegenüber verhält. Aber noch in einer anderen, allgemeineren Be-
ziehung ist Liebe und Ehre mit einander verbunden. Denn überhaupt
beruht der Werth des Ritters, der Ruhm, den er in der Welt gewinnt.

auf der Liebe: sie ist es, die ihn zu allem Ehrenvollen anleitet, zu ruhmvollen Thaten anspornt.[1] Ich führe einige Stellen an, in denen wir derartige Anschauungen niedergelegt finden.

RAIMBAUT DE VAQUEIRAS beklagt die lange Abwesenheit von der geliebten Frau; die Liebe habe seinen Ruhm hervorgerufen, mit der Liebe entschwinde daher auch sein Ruhm: >Pus d'amor m'es falhida·l llors E·l dous frug e·l gras e l'espics, Don jauzi' ab plazens predicx, E *pretz* m'en sobrav' *et honors.* E·m fazia entre·ls pros caber, Era·m fai *d'aut en bas chazer*< (>No m'agrad' iverns<, RAYNOUARD a. a. O. IV, 275). Aehnlich ist es, wenn GAVAUDAN in einem Klageliede auf den Tod der Herrin ausruft: >Jamais no serai prezentiers, Que perdut ey pretz e valor; Estar ses joy a deshonor! Ja Dombredieus vivre no·m lais< (>Crezens fis<, RAYNOUARD a. a. O. III, 168). — GUILLEM DE CABESTAING: >Quar domna fai valer ades Los desvalens e·ls fels engres; Que tals es pros et agradius Que, si ja domna non ames, Vas tot lo mon fora esquius; Qu'ieu·n sui als pros plus umilius E plus orgulhos als savais< (>Ar vey qu'em vengut<, RAYNOUARD a. a. O. III, 110). — GAUCELM FAIDIT: >Tug cil que amon valor Devon saber que d'amor Mou — — — Pretz d'amar, servirs d'onor, Gen teners, jois, cortezia; Doncs, pois so·n mou, ben devria Chascus ponhar, qui bon pretz vol aver, De fin' amor leialmen mantener< (RAYNOUARD a. a. O. III, 295, Liedanfang). — ARNAUT DE MAROILL: >Tot quant ieu fauc ni dic que·m sia honrat Me mostr' amors que m'es al cor assiza, E lai on vey plus ferma voluntat De pretz conquerr' e de joy mantener Esforsi·m mais de far e dir plazers; Quar mesura es e sabers et honors Qu'om puesc' esser plus plazens als melhors< (RAYNOUARD a. a. O. III, 219, Liedanfang). In einem andern Liede schildert derselbe Dichter die Wirkungen, welche die Erfüllung seiner Wünsche auf ihn ausüben würde, in folgender Weise: >Plus fora ricx de totz entendedors, S'ieu agues lo joi que plus volria; De proeza ja par no trobaria, Ni nulha res non fora

---

[1] RAIMBAUT DE VAQUEIRAS, an der Gegenliebe einer Herrin verzweifelnd, erklärt zwar, auch ohne Liebe könne man Ruhm gewinnen, aber er fügt gleich hinzu, dass er mit der Liebe den schönsten Ruhm (lo meilh de prez) verliert (>Leu pot hom<, Archiv XXXV, 413). — Die enge Beziehung zwischen Liebe und Ruhm wird schon durch die bei den Troubadours begegnende formelhafte Verbindung >Amors e pretz< angezeigt; so z. B. in einem Liede von AIMERIC DE SARLAT: >E s'ieu ab vos non truep d'amor guiren, Amors e pretz son nom ves mi desmen< (>Quan si cargo<, RAYNOUARD a. a. O. III, 385).

contra mei — — — E mais d'honor no·i poiria avers< (>L'ensen-
hamentz<, RAYNOUARD a. a. O. III, 213). — PONS DE CAPDOILL:
>Astruox es selh cui amors ten joyos, Qu' amors es caps de trastotz
autres bes, E per amor es hom guays e cortes, Francs e gentils,
humils et orgulhos; Aqui on tanh, en fai hom mielhs nil tans
Guerras e cortz don naisson *fait; pre;ans<* (RAYNOUARD a. a. O. III,
175, Liedanfang). — Derselbe: >— — un ric joy que·m te guay
e *pre;an* Fis sobre·ls fis e *ralens sobre·ls* bos< (>Per joy d'amor<,
RAYNOUARD a. a. O. III, 181). — In einem Streitgedicht zwischen
PEIRE D'ALVERNHE und BERNART DE VENTADORN, welcher letztere
erklärt, dass er sich von der Liebe lossage, bemerkt jener: >Bernartz,
foudatz vos amena, Quar aissi vos partetz d'amor Per cui a hom
pretz e calor< (»Amicx Bernartz«, RAYNOUARD a. a. O. IV, 7). —
Derselbe Gedanke wird auch dahin zugespitzt, dass, wer sich eines
Vergehens (gegen die Gebote der Ehre) schuldig macht, dadurch zu
erkennen gebe, dass in seinem Herzen Frauenliebe keine Stätte habe,
so bei RAIMON DE MIRAVAL: >Qu'en luec bos pretz no s'abria Leu,
si non ve per amia; Pueis dizon tug, quant hom fai falhimen: Be·m
par d'aquest qu'en donas non enten< (>D'amor son totz<, RAYNOUARD
a. a. O. III, 362).

Fragen wir nun, wie die Liebe so gewaltige Wirkungen aus-
üben könne, so wird die Antwort lauten müssen: durch die Erhöhung
des Ehrgefühls.[1] Denn um sich der geliebten Frau würdig zu machen,
strebt der Liebende mit allen Kräften nach dem Ruhme ritterlicher
Tugend: wie sie nach seiner festen Ueberzeugung das Ideal weib-
licher Tugend in sich verwirklicht, so sucht er seinerseits das Ideal
ritterlicher Tugend zu erreichen.

Auf die durch die Liebe bewirkte Steigerung des Ehrgefühls
und Erweckung des Ehrgeizes wird von den Troubadours häufig
hingewiesen. So sagt RAIMBAUT DE VAQUEIRAS, dass er um der
Herrin willen sich selbst werth halte: >Qu'ieu·m tenh car per vos
en totas res< (>Savis e folhs<, RAYNOUARD a. a. O. III, 257). —
PISTOLETA spricht den Wunsch aus, ihr sowohl in Worten als auch
in Thaten Ehre zu machen: >Cum posca far e dir qu'ilh sia honors<!
(>Sens e sabers<, RAYNOUARD III, 227). — CERCALMON führt aus,

---

[1] Der von der Liebe erfüllte wächst, nach dem Ausdruck der Troubadours,
in die Höhe. So sagt RAIMBAUT D'AURENGA: >— — ancmais tant en aut non
eric< (>Pos tals sabers<, BARTSCH, *Chrestomathie.* Vierte Auflage. Sp. 68, 141.

wie ein einziger Kuss von ihr ihn freigebig und so kriegsmuthig
machen würde, dass alle seine Feinde sich vor ihm fürchten würden:
»Toz mos talenz m'aemplira Ma domna, sol d'un bais m'aizis.
qu'en guerrejera mos vezis E-n fora lares e donera E-m fera grazir
e temer E mos enemics bas chader E tengra'l meu e-l garnira«
(»Per fin' amor«, BARTSCH, *Chrest.* Sp. 49, 1).[1] — Die Steigerung des
Selbstbewusstseins spricht sich schon im Gange, sowie in der ganzen
äusseren Haltung des Liebenden aus. So sagt GUIRAUT DE BORNEIL:
»Ara diran de mi escarnidor: 'Ai, ai, fant il. cum ten sos huels en
fat E sa gamba d'orguelh e de ricor' -- — — Car non ama qui
non o fai parven« (»Ar ai gran joy«, RAYNOUARD III, 305).

Jene Erhöhung des Ehrgefühls hängt, wie oben schon angedeutet,
wesentlich ab von der festen Ueberzeugung des Liebenden, dass die
von ihm erwählte Frau den Gipfel der Vollkommenheit darstellt.
Eine gute Wahl zu treffen ist daher für den Ritter eine äusserst
wichtige, zugleich aber auch schwierige Aufgabe, letzteres insofern, als
ihre Lösung von der richtigen Schätzung weiblicher Vorzüge und von
der unparteiischen Erwägung darüber abhängt, welche unter den in
Betracht kommenden Persönlichkeiten das Ideal am vollkommensten
verwirkliche. Bestimmend kommt dabei auch der Ruhm in Betracht.
in dessen Besitz eine Frau sich bereits befindet.[2]

Wir lernen derartige Erwägungen aus manchen auf die Wahl
der Herrin bezüglichen Aeusserungen der Troubadours kennen. Ich
führe folgende an. PONS DE CAPDOILL: »Sabetz per que vos sui
hom e servire? Qu'ades *cossir quant ralet;*« etc. (»Tant m'a donat«,
RAYNOUARD III, 180). -- BONIFACI CALVO: »— — sos genz dirs,
Sos senz e sas granz lauzors M'an si conques, per c'aillors Non
poiria conquerer Joi que-m pogues res valer« (»Temps e luec«,
RAYNOUARD III, 446). -- RAIMBAUT DE VAQUEIRAS: »E quar ilh
es del mon la plus prezans, Ai mes en lieys mon cor e m'espe-
ransa. — Anc non amet tant aut cum ieu negus. Ni tan pros

---

[1] Man beachte, dass auch hier als Hauptquellen ritterlichen Ruhmes Frei-
gebigkeit und kriegerischer Sinn erscheinen, vgl. oben S. 17.

[2] In letzterem Falle handelte es sich darum, den wahren Ruhm vom falschen
zu unterscheiden, und auch dies war nicht jedermanns Sache. setzte vielmehr
eine besondere Kennerschaft voraus. Von »Kennern« (»conoissen«, »conois-
sedor«), mit bezug auf weibliche Vorzüge, redet z. B. BERTRAN DE BORN in der
ersten und zweiten Strophe des Liedes: »Rassa, tant creis« (STIMMING a. a. O.
S. 203).

domna, e quar no'i truep parelh, M'enten en lieys, e l'am al sieu
cosselh, Mais que Tysbe non amet Piramus, Quar jois e pretz sobre
totas l'enansa< (<Eram requier<, RAYNOUARD III, 258).

Wenn es für jeden, der sich anschickt, die Laufbahn der Liebe
zu betreten, von grosser Wichtigkeit ist, eine gute Wahl zu treffen,
so kommt für den Troubadour ein besonderer Umstand hinzu, der diese
Wichtigkeit noch erhöht. Die Vorzüglichkeit seiner Lieder nämlich
wird bedingt durch die Vorzüglichkeit der Frau, an welche sie
gerichtet sind, denn nur die Liebe zu einer in jeder Hinsicht vor-
trefflichen Frau ist im Stande, untadelige Lieder hervorzurufen.
Der Werth seiner Lieder und sein dichterischer Ruhm steht also in
geradem Verhältniss zu dem Werth und dem Ruhm seiner Herrin.
Nun ist aber das Streben nach Dichterruhm bei den Troubadours
in hohem Masse rege, man sieht also, dass sie Veranlassung hatten,
bei ihrer Wahl mit besonderer Sorgfalt zu Werke zu gehen.[1] —
Hatte nun der Dichter eine seiner Meinung nach gute Wahl ge-
troffen, so verfehlte er nicht, dies in einem Liede der Welt zu ver-
künden und seiner Befriedigung darüber Ausdruck zu geben; ja er
rühmt sich auch wohl offen der Klugheit und Umsicht, die er bei
der Wahl an den Tag gelegt. Denn ersichtlich findet unter den
Troubadours ein Wetteifer in diesem Punkte statt; die Beste,
Schönste und Anmuthigste »Herrin« nennen zu dürfen, ist Gegen-
stand ihres Ehrgeizes. Ich führe hier folgende Stellen an.

---

[1] Die von DIEZ (>*Poesie*< u. s. w., Zweite Aufl., S. 33) angegebenen
Stellen, in denen sich das künstlerische Selbstbewusstsein der Dichter offenbart,
könnten leicht beträchtlich vermehrt werden. Sogar der Sinn für dichterischen
Nachruhm ist ihnen nicht fremd. Ich erwähne jene merkwürdige Eingabe, die
GUIRAUT RIQUIER an den König Alfons X. von Castilien richtete und worin er,
um die bedeutenden und wahrhaft segensreich wirkenden Dichter von unbedeu-
tenden oder gemeinen Vertretern der Sangeszunft zu scheiden, für jene einen
besonderen Ehrentitel einzuführen bat. Hier sagt er mit Bezug auf die Dich-
tungen jener Sangesmeister, sie seien >durables per tostemps< und weiterhin
bemerkt er, auch wenn die Dichter todt wären, so lebten sie gewissermassen
in ihren Werken fort: >E val pueis atretan — — Cossi eran prezen Ab tot que
sian mort< (DIEZ, >*Poesie*< u. s. w. Zweite Auflage, S. 300, Col. I; MAHN,
>*Werke*< IV, 179). — Aehnlich sagt RAIMBAUT DE VAQUEIRAS in einem Briefe
an den Markgrafen von Monferrat, er habe dessen Thaten in einer Weise ver-
herrlicht, dass man bis zum Untergang der Welt davon reden werde: »Que per
maint vers e per mainta chanso Ai eu dicha tan gran meillurazo Al vostre
pretz que bella retraisso N'er per tostemps tro a la fenizo.« (DIEZ, >*Leben*
u. Werke<. Zweite Auflage, S. 224, Anmerkung).

RAIMBAUT DE VAQUEIRAS: >Na Beatritz, vostre belh cors cortes
E las beutatz, e·l fin pretz qu'en vos es. Fai gent mon chant
sobre·ls melhors valer, Quar es dauratz del vostre ric pretz ver<
(>Savis e folhs<, RAYNOUARD III, 257). — Derselbe: >Na Beatritz
de Monferrat s'enausa. Quar totz bos faitz li van ades denans; Per
qu'ieu lauzi ab sas lauzors mos chans E·ls enautise ab sa
belha semblansa< (>Eram requier<. RAYNOUARD III. 260). — PONS
DE CAPDOILL: >Ben saup chauzir de totas la melhor; Ges mos
sabers aquel jorn no·m falic. Ans m'esmendet, s'anc pris dan
per folhor< (>Astruex es selh<, RAYNOUARD III, 176). — GUILLEM
DE CABESTAING: >Aissi cum selh que laissa·l fuelh E pren de las
flors la gensor. Ai eu chauzit en un aut bruelh Sobre totas la
belhazor< (RAYNOUARD III, 111. Liedanfang).

Zu der soeben gekennzeichneten Art und Weise, wie der Trou-
badour bei der Wahl seiner Herrin verfuhr, stimmt auch die Er-
scheinung, dass er die Wahl zuweilen lediglich auf Grund des guten
Rufes einer Frau traf, ohne sie vorher gesehen zu haben. Bekannt
ist die Geschichte von JAUFRE RUDEL, der sich in die Gräfin von
Tripolis verliebte, weil er von den aus Antiochia kommenden Pilgern
viel gutes über sie gehört hatte. Hier kann auch die zuweilen be-
gegnende Aeusserung der Dichter erwähnt werden, dass, wüssten sie
eine bessere Herrin, sie ihre derzeitige sofort mit derselben ver-
tauschen würden; natürlich folgt dann sogleich die Bemerkung, dass
sie keine bessere wissen und daher in ihrem bisherigen Dienst ver-
harren. So sagt PEIRE RAIMON DE TOLOZA: >Si per nuill' autra que
seja Mi pogues plus enriquir, Be·m n'agra cor a partir; Mas on
plus fort m'o consire, En tant quant lo mons perpren, No sai una
tant valen De negun paratge; Per qu'eu el seu seignoratge Re-
maing tot vencudamen, Pos non trob meilluramen Per fors' o per
agradatge< (>Atressi cum la candela<, BARTSCH, >Chrestomathie<.
Vierte Aufl. Sp. 89, 10). Und so ist es denn der Gedanke an die
Trefflichkeit und den Ruhm der Frau, der >pessamen honrat<, wie
DAUDE DE PRADAS sich ausdrückt,[1] der den Dichter im Dienst der
Herrin 'auch dann zurückhält, wenn dieselbe so hartherzig ist, seinen
treuen Dienst nicht zu belohnen. So sagt PONS DE CAPDOILL. nach-
dem er sich über die Grausamkeit der Herrin beklagt hat: >Parti-

---

[1] >Ben ay' amors<. RAYNOUARD III. 415.

rai m'en donc ieu? Non ja, Que sos pretz e sa valors M'o defen
e m'o calonja< (>Manta gens<, RAYNOUARD III, 278).

Die Sänger, die auf die Ehre und den Ruhm der Frauen so
hohen Werth legten, hielten sich auch für berechtigt, ihre tadelnde
Stimme zu erheben, wenn dieselben sich unrühmlich zu benehmen
schienen. So sagt RAIMON DE MIRAVAL. ein treuer Rathgeber dürfe
weder bei dem Herrn noch bei der Frau Unehre dulden: >Quar a
dona ni a senhor Non deu consentir deshonor Negus sos fizels cos-
selliers; Non laissarai qu'ieu non dia, Qu'ieu tostemps non contradia
So que faran domnas contra joven, Ni'm semblara de mal captene-
men< (>D'amor son totz<, RAYNOUARD III, 363).[1]

Setzte sich aber die Herrin über die Gebote der Ehre schamlos
hinweg, so trug ihr Sänger kein Bedenken, sich offen von ihr loszusagen,
indem er ihr zugleich den Vorwurf der Ehrlosigkeit ins Gesicht schleu-
derte. Und zwar zeigte sich nach der Ansicht der Troubadours ehrlose
Gesinnung einer Frau besonders in dem Falle, wenn sie, sinnlicher
Neigung folgend, ihrem Sänger, der gewissenhaft seiner Aufgabe, sie
zu verherrlichen, nachkam, einen andern Bewerber vorzog, den jener
für solcher Begünstigung durchaus unwürdig erachtete. Indem dieser
mühelos erreichte, was jenem trotz treuer Dienste versagt blieb, sah
sich der Sänger schmählich um seinen Lohn betrogen, und sein Un-
wille hierüber machte sich in heftigen Ausdrücken Luft. So sagt
CADENET: >Partirai m'en, qu'aissi m'es d'agradatge, Pus qu'elha's
part *de bon pret*: eyssamen< (>Longa sazo<, RAYNOUARD III, 245). —
GAUCELM FAIDIT: >Qu'ieu'n sai una qu'es de tan franc usatge Qu'anc
no gardet honor sotz sa sentura — — et a descobertura Fai a totz
vezer Cum ponha en se dechazer< (>Si anc nulhs hom<, RAYNOUARD
III, 294). — RAIMON DE MIRAVAL wünscht auf die Treulose, die
er >erbärmlich und falsch< (>mendia, falsa<) schilt, gar den Zorn
des Himmels herab: >Que Dieus la maldia< (>D'amor son totz<,
RAYNOUARD III, 363).

Fehler an der Herrin wahrzunehmen ist freilich dem wahrhaft
Liebenden so lange unmöglich, als er von der Liebe beherrscht
wird; solche enthüllen sich ihm erst dann, wenn die Liebe ihn los-
gelassen.

So spricht GAUSBERT DE POICIBOT seine Befriedigung darüber

---

[1] Auch hier also zeigt sich die Uebereinstimmung zwischen Herrendienst
und Frauendienst. Man vergleiche, was oben, S. 13, über den von Dichtern
gegen ihre Herren gerichteten Tadel gesagt worden ist.

aus. dass er den Verstand, den die Liebe ihm geraubt, nunmehr, nachdem dieselbe ihn verlassen, wiedergewonnen habe. Jetzt erkennt er, dass es für ihn nicht geziemend (>*gen*<) ist, die Falsche zu lieben, von der er bisher in seiner Verblendung annahm, dass sie mit allen Vorzügen des Körpers und Geistes ausgestattet sei. Die Lobeserhebungen, die er bisher einer so unwürdigen dargebracht, entschuldigt er in folgender Weise: >Quar dels corals amadors Non dey nulhs creyr' a nulh sen De seliey en cui s'enten Que falhis, sitot falhia; *E pren l'anta per honor*. E per sen pren la folia; Per qu'ieu ab digz de lauzor Lauziei lieys que nom valia. Tan cum l'amiey coralmen< (>Be·s cuget<, RAYNOUARD III, 366).

Oben, S. 19, war die Rede von den Klagen der Troubadours über die Verschlechterung der Zeit, und wir sahen, dass sie dieselbe auf das Schwinden bezw. die Verkehrung des Ehrgefühls zurückführen. Etwas ganz ähnliches finden wir auch mit Bezug auf den Frauendienst. Denn zugleich mit jenen Klagen erschallt auch die Klage der Dichter über den Verfall des Frauendienstes. Wir können aus ihren Aeusserungen den Schluss ziehen, dass zu derselben Zeit, wo die ritterlichen Ideale überhaupt verblassten, an die Stelle des Frauendienstes, wie er bisher geübt worden war, eine natürlichere, zugleich aber auch rohere Auffassung von dem gegenseitigen Verhältniss der beiden Geschlechter trat. Die Dichter klagen nämlich einerseits darüber, dass niemand mehr einer Frau langen und mühevollen Dienst widmen, jeder vielmehr den Lohn (in Gestalt von Liebesfreude) vorwegnehmen wolle, noch ehe er durch Dienst sich dessen würdig gemacht. Anderseits richtet sich ihr Vorwurf gegen die Frauen, die ohne Wahl und Prüfung ihre Gunst verschenken und Würdigen, die sich in treuem Dienste abmühen, Unwürdige vorziehen, die nur auf mühelosen Genuss ausgehen. Und wie die allgemeine Verschlechterung der Zeit, so wird auch der Verfall des Frauendienstes vorzüglich den Reichen zur Last gelegt, denen das Geld über Ehre und Ruhm geht. So von SORDEL: >Tot aital son li trist malvatz manen Can mes a mort *domnei*, joi e solatz; Tan los destreing non-fes e cobeitatz *C'onor e pret*; en meton a soan< (>Qui se membra<, RAYNOUARD IV, 329).

In der That beruht der Verfall des Frauendienstes auf derselben Ursache wie der von den Dichtern beklagte allgemeine Sittenverfall: darauf, dass das Ehrgefühl seinen Einfluss auf die ritterliche Gesellschaft zu einem grossen Theil eingebüsst hatte. Denn auch der

Frauendienst beruht, wie wir gesehen haben, wesentlich auf dem Ehrgefühl. Das dem letzteren entgegengesetzte Princip der Sinnlichkeit spielt im Frauendienst, wie die Troubadours ihn auffassen, eine verhältnissmässig untergeordnete Rolle. Allerdings geht das Streben des Liebenden auch auf Liebesfreude, dieselbe muss jedoch nach den von unsern Dichtern hochgehaltenen Grundsätzen stets mit der Ehre auf's engste verknüpft sein.[1] Dies ist sie aber nur dann, wenn sie von der Herrin als Lohn für langen und treuen Dienst gespendet wird. Und so erscheint denn das geduldige Harren des Liebenden auf seinen Lohn als durchaus wesentlich, wenn der Liebe der ehrenvolle Charakter gewahrt bleiben soll. Diese Anschauung ergiebt sich aus manchen Stellen. So sagt AIMERIC DE SARLAT: >Ans atendrai sufren e merceian Tro que de vos aia qualque secors, Qu'a tot lo meins m'er l'atendres *honors*, Bona dompna, si be·m trac greu afan, Quar pro val mais riex *esperars onrat?* Qu'uns aunitz dos de c'om no fos paguatz< (>Fis e leials<, RAYNOUARD III, 386).

Hier ist auch die häufige Aeusserung der Troubadours zu erwähnen, dass sie lieber ohne Lohn im Dienste ihrer Herrin schmachten, als von einer anderen ohne Mühe alles erhalten wollen. Zuweilen setzen sie ausdrücklich hinzu, dass sie jenes der grösseren Ehre wegen vorziehen. So BLACATZ in einer schon oben, S. 33 angeführten Stelle des Liedes: >Lo belh dous temps<. Ebenso gilt es aber auch für die Frau als Gebot der Ehre, ihrem Diener den Minnesold nicht allzu rasch zu gewähren. Daher sagt DAUDE DE PRADAS: >— — m'es bon a sufrir, Quar molt vuelh mays per lieys cui am languir Qu'autra·m don so don ella·m fai erguelh; Qu'ieu no vuelh ges aver quist ni trobat Dona que trop m'aya leu joy donat<. Die folgenden zwei Verse sprechen kurz und treffend den Kern des Frauendienstes aus, der in nichts anderem besteht als in einer eigenthümlichen Verschmelzung von Liebe (oder Liebesfreude, >joy<) und Ehre: >Quar non es joys, si non l'adutz honors, Ni es honors, si non l'adutz amors< (>Ben ay' amors<, RAYNOUARD III, 414).

Endlich erwähne ich ein Streitgedicht, das für den uns hier beschäftigenden Punkt lehrreich ist. RAIMBAUT DE VAQUEIRAS und BLACATZ streiten über die Frage, welcher von beiden Fällen für einen Liebenden vorzuziehen sei: dass eine treffliche Frau ihm insgeheim

---

[1] Hierauf bezieht sich der Ausdruck >onrat joy<, der z. B. in einem Liede von BLACASSET (>Si·m fai amors<, RAYNOUARD III, 460) vorkommt.

vollen Liebesgenuss gewährt, oder dass sie, um ihn zu ehren, die Leute
glauben macht, er sei ihr Geliebter, ohne ihm jedoch thatsächliche
Liebesbeweise zu geben. RAIMBAUT entscheidet sich für den ersten
Fall, BLACATZ aber hält ihm entgegen, dass er dabei in thörichter
Weise die Ehre hintansetze, auf die es doch vor allem ankomme.
Er beruft sich für seine Meinung auf das Urtheil der >Kenner<, und
zwar mit Recht, denn sie steht in der That mit den Grundsätzen
des Frauendienstes besser im Einklange als die Entscheidung Raim-
baut's: >En Rambautz, li conoissen Vos o tenran a follor, Et a
sen li sordeior; Quar, per jauzir solamen, Laissatz *honor* manten-
guda. D'aitan no·us podetz esdir Que *pretz* no·s fassa grazir Sobr'
autres faitz a saubuda< (RAYNOUARD IV, 25).[1]

Die dritte Art des Dienstes, den der Ritter zu leisten hat, ist
der Gottesdienst. Auch dieser wird von den Troubadours als
Lehnsdienst aufgefasst, ebenso wie der Frauendienst.[2] Gott ist der
Herr der Herren, der >senher dels senhors<, wie PEYROL sich
ausdrückt (>Pus flum Jordan<, RAYNOUARD IV, 101); er ist der
oberste Lehnsherr aller irdischen Machthaber, und diese sind ver-

---

[1] Wenn, wie wir gesehen haben, für die Auffassung der Liebe der Ge-
sichtspunkt der Ehre massgebend ist, so giebt uns dies ein Mittel an die Hand,
die auffällige Thatsache zu erklären, dass die Troubadours oft in einem und
demselben Liede sowohl von ihrer Liebe als auch von ganz verschiedenen An-
gelegenheiten, z. B. Politik, reden, so dass es zweifelhaft bleibt, ob das Gedicht
als Canzone oder als Sirventes zu betrachten ist (DIEZ >*Poesie*< u. s. w. Zweite
Ausgabe, S. 155). Die für alle Poesie giltige Regel, dass jedes Lied von einer
einheitlichen Stimmung beherrscht sein soll, wird in der That durch die ange-
gebene Erscheinung nicht verletzt. Denn das Ehrgefühl bildet in solchen Lie-
dern die einheitliche Grundstimmung: mag von Liebe oder von Politik oder
von was immer die Rede sein, so haben die Auslassungen der Troubadours
ihren letzten Grund doch immer im Ehrgefühl.

[2] Frauendienst und Gottesdienst haben auch sonstige Berührungspunkte.
Wird doch die Frau von dem ihr dienenden und sie verehrenden Sänger wie
eine Art göttlichen Wesens aufgefasst und dargestellt. GUILLEM MAGRET er-
klärt sogar ausdrücklich seiner Herrin, dass sie durch die Liebe sein Gott ge-
worden sei: >Amors fes de vos mon Dieu< (>Atrestan be·m tenc<, RAY-
NOUARD III, 420). Auch kann hier erwähnt werden, dass das Verbum >azorar<,
welches eigentlich nur die Gottesanbetung bezeichnet, von den Troubadours
häufig mit Bezug auf ihre Herrin gebraucht wird.

pflichtet, ihm Lehnsdienst zu leisten.[1] Solchen Dienst aber leisten die Grossen vornehmlich durch Betheiligung an einem Kreuzzuge; der Ruf zum Kreuzzug ist also für sie zugleich eine Mahnung zur Erfüllung der Lehnspflicht. So fordert MARCABRUN den französischen König Ludwig VII. zur Theilnahme an einem Zuge gegen die spanischen Sarazenen mit den Worten auf: >Venga sai Dieu *son fieu serrir;* Qu'eu no sai per que princes viu, S'a Dieu no vai son fieu servir< (>Emperaire per mi mezeis<, RAYNOUARD IV, 131). Häufiger als der volle Ausdruck >son fieu servir< findet sich mit Bezug auf diese Art des Dienstes das blosse >servir< gebraucht, so PONS DE CAPDOILL: >— — el ric senhor — — Anem servir< (>So qu'hom plus vol«, RAYNOUARD IV, 93); dasselbe bezeichnet das Substantivum >servizi<, so AIMERIC DE PEGUILLAN: >Non devria esser hom temeros De suffrir mort el servizi de Dieu< (>Ara parra<, RAYNOUARD IV, 103).

Wie überhaupt der Lehnsdienst mit dem Ehrbegriff in naher Beziehung steht, so auch in diesem Falle. Denn es handelt sich bei dem durch den Kreuzzug Gott zu leistenden Lehnsdienst darum, die durch die Türken verdunkelte Ehre des göttlichen Lehnsherrn wieder zu vollem Glanze zu bringen,[2] indem für die Beschimpfung, die jenes Volk dem Christenglauben und dem Christengotte im heiligen Lande angethan, Rache genommen wird. Dieser Gesichtspunkt wird in zahlreichen Kreuzliedern zum Ausdruck gebracht.

Ein Tempelritter: >— — — la crotz qu'aviam preza En la honor d'aisselh qu'en crotz fo mes< (>Ira e dolor<, RAYNOUARD IV, 131). — MARCABRUN: >— lo fils de Dieu vos somo Que·l vengetz del ling Farao< (>Emperaire per mi mezeis<, RAYNOUARD IV, 129). — PONS DE CAPDOILL: >— — — A totz selhs que per lui iran Venjar l'anta que·ls Turc nos fan, Que totas autras antas vens< (>En honor del Paire<, RAYNOUARD IV. 89). — AIMERIC DE PEGUILLAN: >Dieus, cal dolor Que Turc aian forsat nostre senhor!

---

[1] Auch der Kaiser ist nach der Auffassung des Mittelalters Gottes Dienst- oder Lehnsmann. >Gotis dinistman< nennt der Pfaffe KONRAD im Eingange seines Rolandsliedes den Kaiser Karl; vgl. auch Zeitschr. f. rom. Phil. IX. S. 208.

[2] Daher findet man auch in Bezug auf den in dieser Weise geschehenden Gottesdienst die formelhafte Verbindung >honrar e servir<, so bei GAVAUDAN: >E Dieus er honratz e servitz, On Bafometz era grazitz< (>Senhors per los nostres peccatz<, RAYNOUARD IV, 87).

Pensem el cor la *desonor* mortal, E de la crotz prendam lo sanh senhal< (>Ara parra<. RAYNOUARD IV, 102). Was hier als Vergewaltigung Gottes bezeichnet wird, nennt AIMERIC an einer andern Stelle desselben Liedes (>Son dezeret tenrem a dezonor<) eine Enterbung desselben; in beiden Fällen ist, was die Türken verübt, eine Beschimpfung Gottes, die von den Dienern desselben wie eine ihnen selbst angethane empfunden und gerächt werden muss. Zuweilen werden als diejenigen, welche Gott den zu rächenden Schimpf angethan haben, neben den Türken auch die Juden genannt, welche ihn zwischen zwei Schächern an's Kreuz schlugen. So in dem zuletzt genannten Liede: >— — — el nom de Dieu Qu'en la crotz fo mes entre dos lairos. Quan, ses colpa, l'auciron li Juzieu<; ähnlich im Anfange eines Liedes von RAIMON GAUCELM: >Qui vol aver complida amistansa De Jhesu Crist, e qui·l volra servire, E qui volra lo sieu nom enantire, E qui volra *renjar la deshonransa* Qu'elh pres per nos, quan sus la crotz fo mes, Passe tost lai on elh fon trespassans, E sia be de sa mort demandans E de l'anta qu'el per nos autres pres< (RAYNOUARD IV, 135).

Aber wenn die Grossen den Kreuzzug zunächst um der Ehre Gottes willen unternehmen sollen, so winkt doch auch ihnen selbst Ehre und Ruhm als Lohn für ihren Dienst.[1] Und zwar steht den Kreuzfahrern irdische sowohl als himmlische Ehre in Aussicht, Ruhm bei den Menschen und Ruhm bei Gott. Letzterer insofern als diejenigen, die im Kampfe gegen die Ungläubigen fallen, von Gott durch Aufnahme in's Paradies und durch die Märtyrerkrone ausgezeichnet werden.[2] Dagegen ist Unehre und Schande das Loos derer, die ohne triftigen Grund dem Kreuzzuge fern bleiben. Ich führe für diese Ansichten folgende Belegstellen an.

FOLQUET DE MARSEILLA sagt, jeder solle Gott (durch den Kreuzzug) Ehre erweisen, dann werde Gott auch ihm ehren und ihm, sei

---

[1] Auch hier liegt die Analogie zwischen dem Gottesdienst und dem eigentlichen Lehnsdienst zu Tage, denn wenn der Lehnsmann seinen Herrn ehren soll, so bringt doch der Dienst auch ihm selber Ehre; vgl. Zeitschr. f. rom. Phil. IX, S. 206.

[2] Ueberhaupt wird die Aufnahme in's Paradies unter dem Gesichtspunkt der Ehre aufgefasst, daher sagt BERTRAN DE BORN in dem Trauerliede auf den jungen König Heinrich, Gott möge ihn mit gehrten Genossen im Paradiese weilen lassen: >E·l fass' estar ab onratz companhos Lai on ane dol non ac ni aura ira< (>Si tuit li dol>, BARTSCH, *Chrestomathie*. Vierte Aufl. Sp. 115, 35).

es auf Erden, sei es im Himmel, die Ruhmeskrone geben: »Qu'ell
(scil. Dieus) l'onrara si·lh li fai onramen; Qu'ogan, si·s vol, n'er co-
ronatz sa jos O sus el cel; l'us no ilh falh d'aquestz dos« (>Hueimais
no y conosc<, RAYNOUARD IV, 111).

PEIRE D'ALVERNHE verspricht den Kreuzfahrern, die am Leben
bleiben, ausser dem ewigen Heil ihrer Seelen auch irdischen Ruhm:
>E qui vivra, ses faillizo, Er cazatz d'onrat pretz valen< (>Lo
senher que formet<, RAYNOUARD IV, 116). — Aehnlich sagt PONS DE
CAPDOILL, dass man auf dem Kreuzzuge durch ruhmvolle Waffen-
thaten das Paradies gewinne: >Qu'ab gen garnir, ab pretz, ab
cortezia Et ab tot so qu'es belh et avinen Podem aver honor e
jauzimen En paradis; guardatz doncx que querria Plus coms ni reis,
s'ab honratz faigz podia Fugir enfern< (>Er nos sia capdelhs<,
RAYNOUARD IV, 92). — Derselbe Dichter sucht die Gemüther für den
Kreuzzug zu entflammen, indem er erklärt, selbst der gepriesenste
werde, wenn er zurückbleibe, der Ehre verlustig gehen, dagegen
selbst der verachtetste durch die Theilnahme am Kreuzzuge zu
Ehren kommen: >Qui fai la crotz, mout l'es ben pres, Qu'el
pus valens e·l pus prezatz Er, si reman, flacx e malvatz, E·l pus
avols francx e cortes, si va< etc. (>En honor del Paire<, RAY-
NOUARD IV, 88).

Derselbe Gedanke wird auch in der Form ausgesprochen, Gott
rufe zum Kreuzzuge nur die Wackeren uud Tüchtigen auf, denn nur
diese sollen im syrischen Lande das Heil ihrer Seelen erwerben; alle
Schlechten sollen zurückbleiben, da ihnen Gott diese Wohlthat nicht
zugedacht habe. So in dem schon genannten Liede AIMERIC's VON
PEGUILLAN (>Ara parra<): >Qu'el (scil. Dieus) non somo mas los va-
lens e·ls pros — — — E remanran li menut e·l venal, Que dels
bons vol Dieus qu'ab bos fagz valens Se salvon lai, et es belhs sal-
vamens<.

Man begreift, dass derartige Ausführungen eine mächtige Wir-
kung auf die Grossen ausüben mussten, zu einer Zeit, wo, neben
dem Seelenheil, die Ehre als das höchste Gut galt. Und hierzu
kommt noch, dass in diesen Liedern mitunter Herren >mit Namen
aufgefordert und gleichsam an der Ehre angegriffen wurden< (DIEZ,
>*Poesie*< u. s. w. Zweite Auflage. S. 158.) So wendet sich AIMERIC
in dem zuletzt angeführten Liede an den Markgrafen Wilhelm IV.
von Monferrat, den Sohn desjenigen, der im Jahre 1204 Anführer
eines Kreuzzuges war, und fordert ihn zu dem Zuge, den der Pabst

im Jahre 1215 plante, auf, indem er ihn mahnt, sich seiner Vor-
fahren würdig zu zeigen, die in Syrien Ehre und Ruhm erworben
hätten: >Marques de Monferrat, vostr' ansessor Agron lo pretz de
Suri' e l'onor. E vos, senher, vulhatz l'aver aital; El nom de Dieu
vos metetz lo senhal, E passatz lai, que pretz et honramens Vos
er el mon, et en Dieu salvamens.<

Dringender noch ist die Mahnung, die wiederholt von proven-
zalischen Dichtern (so von BERTRAN DE BORN in seinem schon ge-
nannten Liede >Ara sai eu<) an den französischen König Philipp
August gerichtet worden ist, und der Vorwurf, dass er weltlicher
Vortheile halber seine Pflicht gegen Gott vernachlässige, ist mehr-
fach von ihnen •in bitterer Weise ausgesprochen worden. Wenn
Philipp, dessen staatskluger Sinn der Bewegung der Kreuzzüge kühl
gegenüberstand, endlich (1190) dennoch den heiligen Zug antrat, so
that er es sicher nur deswegen, weil er der Forderung der öffent-
lichen Meinung in diesem Punkt nicht länger widerstreben zu dürfen
glaubte, denn diese sprach sich damals noch einstimmig und ent-
schieden für die Kreuzzüge aus.

Die Stimmführer dieser öffentlichen Meinung aber waren die
Troubadours.

Verlag von VEIT & COMP. in Leipzig.

Die Mundart

des

Sächsischen Erzgebirges

nach den

Lautverhältnissen, der Wortbildung und Flexion.

Dargestellt

von

Ernst Goepfert.

Mit einer Uebersichtskarte des Sprachgebietes.

gr. 8. 1878. geh. 2 ℳ 60 ₰.

BONIFAZ UND LUL.

Ihre angelsächsischen Korrespondenten.

Erzbischof Luls Leben.

Von

Prof. Dr. Heinrich Hahn.

gr. 8. 1883. geh. 10 ℳ.

MEMOIRS

of

Mary, Queen of England,

(1689—1693)

together with her letters and those of

Kings James II and William III

to the

Electress. Sophia of Hanover.

Edited by

Dr. R. Doebner.

8. 1886. geh. 3 ℳ.

Geschichte des Sonette

in der

deutschen Dichtung.

Mit einer Einleitung
über Heimat, Entstehung und Wesen der Sonettform.

Von

Dr. Heinrich Welti.

gr. 8. 1884. geh. 5 ℳ 40 ₰.

GRUNDRISS

zur

Geschichte
der angelsächsischen Litteratur.

Mit einer Uebersicht
der angelsachsischen Sprachwissenschaft.

Von

Dr. Richard Wülker.
o. Professor an der Universität Leipzig.

gr. 8. 1885. geh. 10 ℳ.

Albertino Mussato.

Ein Beitrag

zur

italienischen Geschichte des vierzehnten Jahrhunderts.

Von

Dr. J. Wychgram.

gr. 8. 1880. geh. 2 ℳ 40 ₰.